Martin Droschke

111 Kirchen in der Oberpfalz, die man gesehen haben muss

111

emons:

Herzlichen Dank für entscheidende Tipps, Reisebegleitung und viel Geduld an Pfarrer Wolfgang Angerer, Rainer J. Christoph, Ulrike Goetz und Ramona Hallama.

Bibliografische Information der Deutschen Nationalbibliothek
Die Deutsche Nationalbibliothek verzeichnet diese Publikation in der Deutschen Nationalbibliografie; detaillierte bibliografische Daten sind im Internet über http://dnb.d-nb.de abrufbar.

FSC www.fsc.org
MIX
Papier aus verantwortungsvollen Quellen
FSC® C043106

Gestaltung: Editorial Design & Artdirection, Conny Laue, Bochum, nach einem Konzept von Lübbeke | Naumann | Thoben
Kartografie: altancicek.design, www.altancicek.de
Kartenbasisinformationen aus Openstreetmap,
© OpenStreetMap-Mitwirkende, ODbL
Druck und Bindung: Grafisches Centrum Cuno, Calbe
Printed in Germany 2022
ISBN 978-3-7408-1629-2

Vorwort

Er gilt als eigenwillig. Und das ist auch gut so. Er spricht einen Dialekt, den nur seinesgleichen versteht. Man wirft ihm vor, mit Trotz auf Ratschläge von anderen zu reagieren, selbst wenn die ihm guttun würden. Überhaupt die anderen: Was bitte geht die die Oberpfälzer Lebensart an?

Zugegeben, es ist bisweilen ein wenig anstrengend, bei einem Streifzug durch die urigste Ecke Bayerns darauf zu vertrauen, dass eines der Gegenüber im Biergarten irgendwann schon bereit sein wird, auf Hochdeutsch umzuschalten. Aber wenn man die Geheimtipps, die dort gehandelt werden, dann gefunden hat, weiß man auch, wie recht sie damit haben, sie nicht jedem anzuvertrauen. Oh ja, die selbstverliebten Münchner und die in ihrem Oberstübchen bekanntlich nur spärlich möblierten Nürnberger! Ruckzuck hätten sie die Co-Existenz von Kirche und Wirtshaus vor Entzücken niedergetrampelt. Bewahre, lieber Gott, dieses Buch vor der Schmach, auch nur einem von ihnen in die Hände zu fallen!

So, wie die Wallfahrt auf den Fahrenberg mehr als Folklore ist, hat sich mit dem dortigen Schlachtschüsselessen mehr als nur eine kulinarische Tradition ins Heute gerettet. Die Sülze in Marienstein, die Haxe auf dem Adlersberg sind weltliche Botschafter einer Glaubenslandschaft, die sich dafür entschieden hat, der Gegenreformation auf ewig treu zu bleiben, der Epoche der festlichen Prozessionen, kleinen Wunder und großen Ausschweifungen. Ich bedanke mich herzlich, meist harmonisch, mal aneckend eine andere Welt erlebt haben zu dürfen, in der die Zeit nach eigenen Regeln vergeht. Dieses Buch basiert auf dem Versuch, als Außenstehender bis in die tiefsten Tiefen dieser Spielart des Katholizismus, in die bildhübschen barocken Dorfkirchen, hinabzutauchen. Gefühlt 90 Prozent sind Maria geweiht und nennen ein wundertätiges Gnadenbild ihr Eigen. So ist es, und so soll es sein.

111 Kirchen

1 Unserer Lieben Frau | Adlersberg (Pettendorf)
Mit einer Brauerei verehelicht | 10

2 St. Johannes Baptist | Altenstadt (Vohenstrauß)
Nur von der Hälfte bezahlt | 12

3 Basilika St. Martin | Amberg
Patina des 19. Jahrhunderts | 14

4 Mariahilfbergkirche | Amberg
Wunderwerk eines Protestanten | 16

5 St. Georg | Amberg
Missionare des Spektakels | 18

6 Maria Schnee | Aufhausen
Bastion der Berufenen | 20

7 Mariä Himmelfahrt | Bad Kötzting
Nicht im Sturm zu nehmen | 22

8 Kirchenruine St. Barbara | Barbaraberg (Speinshart)
Hundert Höhenmeter Qual und Lohn | 24

9 Steinbergkirche | Bärnau
Bayerisch-böhmisches Grenzscharnier | 26

10 Mariä Himmelfahrt | Beidl (Plößberg)
Keine Frage des Geschmacks | 28

11 St. Peter und Paul | Beratzhausen
Nach jedem Krieg ein bisschen Frieden | 30

12 St. Lorenz | Berching
Chiffrierte Versuchung | 32

13 St. Sebastian mit Quelle | Breitenbrunn
Frag doch mal die Phantasie | 34

14 Burgkapelle | Breitenstein (Königstein)
Getrennte Welten | 36

15 St. Vitus | Burglengenfeld
Fortschrittlich seit 1937 | 38

16 Karner | Chammünster (Cham)
Nach dem allerletzten Gang | 40

17 Mariä Himmelfahrt | Chammünster (Cham)
Größe kennt keine Grenzen | 42

18 Klosterkirche | Dietfurt an der Altmühl
Holzaltar mit echtem Bub | 44

19 St. Salvator | Donaustauf
Die griechische Inselkirche Bayerns | 46

20 Unsere Liebe Frau in Jerusalem | Duggendorf
Ihr Kinderlein kommet | 48

21 St. Jakobus der Ältere | Ensdorf
Feuerwerk aus Stuck und Farbe | 50

22 Mariä Heimsuchung | Fahrenberg (Waldthurn)
Ablass mit Schlachtschüsselessen | 52

23 Sühnekapelle | Flossenbürg
Im Ruheraum der Hölle | 54

24 Mariä Himmelfahrt | Frauenzell (Brennberg)
Gefühlt nach oben offen | 56

25 Maria Hilf | Freystadt
Barock, der schwindelig macht | 58

26 Leonhardi-Kapelle | Furth im Wald
Tradition hat immer Saison | 60

27 Zum gegeißelten Heiland | Grenzübergang Hundsbach (Waldsassen)
Die Mauern tschechisch, der Kirchgarten bayerisch | 62

28 St. Ägid | Gunzendorf (Auerbach)
Poesie des Volksglaubens | 64

29 Maria Heil der Kranken | Habsberg (Velburg)
Alle Augen gen Himmel | 66

30 Wallfahrtskirche | Heilbrünnl (Roding)
Außen Wasser, innen Bier | 68

31 St. Nikolaus | Höglstein (Mähring)
Geblieben, um zu erinnern | 70

32 Simultankirche St. Vitus | Illschwang
Zwei in eins gegeben | 72

33 Dreifaltigkeitskirche | Kappl (Waldsassen)
Oh du Verbrecherpropagandadecke | 74

34 St. Margaretha | Kastl (bei Kemnath)
Leider kein Taufgeschenk | 76

35 Klosterkirche St. Peter | Kastl (Lauterachtal)
Paradies mit Kindermumie | 78

36 Mater Dolorosa | Katzdorf (Neunburg vorm Wald)
Maria kennt viele Feste | 80

37 St. Laurentius | Konnersreuth
Nicht abschließend zu beantworten | 82

38 Zur Heiligen Walburga | Lamberg (Cham)
Jetzt erst recht! | 84

39 Kapelle Alter Herrgott | Mähring
Am allertiefsten versteckt | 86

40 St.-Anna-Gedächtniskirche | Mähring
Aus dem Jahrhundert des Schmerzes | 88

41 Mariä Himmelfahrt | Mariaort (Sinzing)
Heimat einer Weitgereisten | 90

42 St. Peter und Paul | Marienstein (Falkenstein)
Auf altbewährtem Fels gebaut | 92

43 Unser Lieben Frau | Mausberg (Hahnbach)
Abgerutscht aus Übereifer | 94

44 St. Johannes | Michelfeld (Auerbach)
Dem Wahnsinn ergeben | 96

45 St. Johannes Baptist | Nabburg
Der kleine Dom des Naabtals | 98

46 Sankt-Wolfgangs-Eiche | Neueglofsheim (Thalmassing)
Von Natur aus überirdisch | 100

47 Mariä Geburt | Neukirchen beim Heiligen Blut
Wunder am laufenden Band | 102

48 Hofkirche | Neumarkt
Der schönste Sarg der Oberpfalz | 104

49 Johanneskirche | Neumarkt
Am Ende kam das Licht | 106

50 Maria Hilf | Neumarkt
Jede Stadt braucht Beistand | 108

51 St. Josef | Neunburg vorm Wald
Doppelt generaloperiert | 110

52 Zum Gegeißelten Heiland | Niedermurach
Die kopierten Tränen des Herrn | 112

53 St. Maria zu den 14 Nothelfern | Parkstein
Hauptsächlich der Aussicht wegen | 114

54 St. Leonhard | Penk (Nittendorf)
Fakten, die auf sich warten lassen | 116

55 Ensemble mit Rundkapelle | Perschen (Nabburg)
Gefälschte Verhältnisse | 118

56 St. Margaretha | Pettendorf
Aller guten Dinge wären drei | 120

57 St. Martin mit Karner | Pfaffenhofen (Kastl)
Wo das Wirtshaus gerne einspringt | 122

58 Mariä Himmelfahrt | Pielenhofen
Auf Brennnesseln gebettet | 124

59 Benediktinerabtei | Plankstetten
Seiner Schöpfung verpflichtet | 126

60 Kapelle St. Quirin | Quer-St. Quirin (Michelsneukirchen)
Im Niemandsland der Geschichte | 128

61 Mariä Heimsuchung | Rechberg (Beratzhausen)
Von der Logik der Legenden | 130

62 Dom | Regensburg
Check-in ins Paradies | 132

63 Dreieinigkeitskirche | Regensburg
Die Erfindung des Sitzens | 134

64 Heilig-Kreuz-Kirche | Regensburg
Unterricht als Überlebenstaktik | 136

65 Jüdisches Gemeindezentrum | Regensburg
Gemeinsam neu aufblühen | 138

66 Karmelitenkirche St. Josef | Regensburg
Hort des echten Glaubens | 140

67 Maria-Läng-Kapelle | Regensburg
Von der Größe der Mutter des Herrn | 142

68 Maria Schutz | Regensburg
Es gab kein Zurück | 144

69 Minoritenkirche | Regensburg
Auch als Trainingshalle geeignet | 146

70 Neupfarrkirche | Regensburg
Viel zu früh ein Star | 148

71 Niedermünster | Regensburg
So schön ist eintönig | 150

72 Schottenkirche | Regensburg
Und noch ein Superlativ | 152

73 St. Ägid | Regensburg
Nur noch Ritter im Kopf | 154

74 St. Emmeram | Regensburg
Labyrinth mit Heiligen | 156

75 St. Johann | Regensburg
Nicht von schlechten Eltern | 158

76 St. Kassian | Regensburg
Schönheit, die nicht glänzt | 160

77 St. Ulrich | Regensburg
Dem Kini sei gedankt | 162

78 Zur Alten Kapelle | Regensburg
Diese gewieften Bamberger ... | 164

79___ Mariä Himmelfahrt | Regensburg-Dechbetten
Wallfahrtsort der kurzen Wege | 166

80___ St. Anna | Regensburg-Großprüfening
Als Zankapfel konzipiert | 168

81___ Kreuzhofkapelle | Regensburg-Kreuzhof
Treffpunkt für 60.000 Menschen | 170

82___ Karthaus Prüll | Regensburg-Kumpfmühl
Zellen der Einsamkeit | 172

83___ St. Wolfgang | Regensburg-Kumpfmühl
Der Dom der flachen Hierarchie | 174

84___ Zentralmoschee | Regensburg-Ostenviertel
Architektur kann Heimat | 176

85___ Schlosskirche St. Georg | Regensburg-Prüfening
Oh, eine zweite Nummer eins | 178

86___ Dreifaltigkeitskirche | Regensburg-Steinweg
Dennoch, der Herr hat's genommen | 180

87___ Mariä Himmelfahrt | Reichenbach
Rokoko mit Grausamkeit | 182

88___ Josefikapelle | Roding
Nicht alles läuft rund | 184

89___ Kreuzbergkirche | Schwandorf
Spirituelles Flirren | 186

90___ Klosterkirche | Speinshart
Barock als Rauscherlebnis | 188

91___ Mariä Himmelfahrt | Stadlern
Sie wollten sich kein Bildnis machen | 190

92___ St. Marien | Sulzbach-Rosenberg
Einer Hauptstadt angemessen | 192

93___ Synagoge | Sulzbach-Rosenberg
Israels irdisches Paradies | 194

94___ Wallfahrtskirche St. Anna | Sulzbach-Rosenberg
Genommen, um zurückzugeben | 196

95___ Kapelle am Kalvarienberg | Thurndorf (bei Kirchenthumbach)
Wo sich das Wasser teilt | 198

96___ Mariä Himmelfahrt | Tirschenreuth
Bereit zu jeder Stunde | 200

97___ Murschrottkapelle | Tirschenreuth
Insel im Staubereich | 202

98___ Mariä Namen | Trautmannshofen (Lauterhofen)
Für den nächsten Krieg gewappnet | 204

99 Maria zur Buche | Undorf (Nittendorf)
Ein Gelübde und vier Stellvertreterhände | 206

100 Wallfahrtskirche Herz-Jesu | Velburg
Krankenzimmer für die Volksseele | 208

101 Voithenberger Kapelle | Voithenberg (Furth im Wald)
Ausblick mit Schicksal | 210

102 St. Maria und St Nikolaus | Walderbach
Schon 1669 voll intakt | 212

103 Basilika Waldsassen | Waldsassen
Festsaal der Angst | 214

104 St. Josef | Weiden
Wunderwunderschönster Kitsch | 216

105 St. Michael | Weiden
Zwei in eines geben | 218

106 Zur Heiligen Staude | Weiden
Kleines Gemäuer, großer Streit | 220

107 St. Laurentius am Brünnle | Weißenbrunn (Kirchenthumbach)
Bitte eine leere Flasche mitbringen | 222

108 Mariä Himmelfahrt | Wolfskofen (Mintraching)
Mitgefangen, mitgegangen | 224

109 Friedhofskapelle | Wondreb (Tirschenreuth)
Das Meisterstück des Sensenmanns | 226

110 Pestkapelle | Wörth an der Donau
Alles eine Frage des Ausblicks | 228

111 Schlosskirche St. Martin | Wörth an der Donau
Bischofskapelle mit Ketzerbild | 230

1 Unserer Lieben Frau

Mit einer Brauerei verehelicht

Als eines der letzten Fleckchen Erde, an denen die Welt noch in Ordnung ist, sticht ein Wallfahrtsberglein aus dem Hinterland von Donau und Naab heraus. Es ist den Gläubigen ebenso heilig wie all jenen, die sich nach einer harten Arbeitswoche einmal mehr die Begegnungen mit ihren Chefs schöntrinken zu müssen. Mit einem Bier, bei dem man schmeckt, das es sich noch viel Zeit nehmen darf, um zu reifen. Wer es nicht wenigstens einmal auf den Adlersberg geschafft hat, heißt es, für den war der Sommer kein guter.

Eigentlich hatte der Lauf der Geschichte für das keine zwei Kilometer entfernte Pettendorf (siehe Ort 56) ein blühendes Dominikanerinnenkloster vorgesehen. Dieses aber wurde, eben erst gegründet, um 1272 bei einem Kräftemessen eitler Adelshäuser zerstört. Man entschied sich, an einem neuen Ort von vorn zu beginnen. Alles lief gut! Bis 1542. Da wurde das Kloster Adlersberg wieder aufgelöst. Man darf bezweifeln, dass es seine gotische, innen maßvoll barock umdekorierte Kirche noch geben würde, hätte sich nicht der Braumeister Michael Prößl 1838 der Wohn- und Wirtschaftsgebäude angenommen. Die wenigen Wallfahrer, die das seit der Gegenreformation im Hochaltar präsentierte Gnadenbild der »Mutter Gottes der Verlassenheit« aufsuchten, hätten als Argument nicht ausgereicht, auch das Gotteshaus zu erhalten. Zum Glück verlangte es die Regensburger schon damals nach stadtnahen Ausflugszielen.

Wenn der Pfarrer auf den Adlersberg heraufkommt, um die Sonntagsmesse zu lesen, stört es noch nicht einmal ihn, dass sich im Biergarten der Brauerei Prößl mehr Menschen als bei ihm versammeln. Denn Ente, Schweinsbraten und Haxe werden ja erst dann aufgetragen, wenn sein letztes Amen verklungen ist. Hier oben hält er noch: der Bund der Ehe, den die katholische Glaubensverkündigung im Zuge der Gegenreformation mit den Wirtshäusern eingegangen ist.

Adresse Kirche Unserer Lieben Frau sowie Brauerei und Wirtshaus Prößl, Dominikanerinnenstraße 2–3, 93186 Pettendorf, Wirtshaus: www.adlersberg.com | Öffnungszeiten Kirche täglich tagsüber frei zugänglich, Konfession: katholisch, Gottesdienst: siehe unter »Pfarrbrief« für Pettendorf auf www.pfarreiengemeinschaft-pettendorf-pielenhofen-wolfsegg.de, Wirtshaus/Biergarten Di–So 8–24 Uhr | Tipp Durstlöscher mit kirchlichem Segen: Die Regensburger Brauerei Bischofshof gehört dem Bistum, die Spitalbrauerei seit 800 Jahren einer gemeinsamen Stiftung der Stadt und des Bistums.

2 St. Johannes Baptist

Nur von der Hälfte bezahlt

Als Martin Luther 1511 in Rom weilte, machte er es sich zur Gewohnheit, in der Kirche Santa Maria del Popolo die Messe zu lesen. Immer am selben Altar – der den Rechtgläubigen bis heute als des Teufels gilt, nicht mehr benutzt werden darf. Da hat man sich in Altenstadt, der Keimzelle des direkt benachbarten Städtchens Vohenstrauß, zu einer besseren Lösung durchgerungen. Das als Wehrkirche konzipierte, hinter Mauern versteckte, 1124 geweihte Kleinod wird mit Ulrich Grünsleder in Verbindung gebracht, der Martin Luther den Weg ebnete, indem er Texte des Reformators Jan Hus übersetzte. Dennoch teilen sich die beiden Konfessionen seit nunmehr rund 325 Jahren das Gemäuer.

Gesicherte Fakten über Ulrich Grünsleder haben sich nur aus seinem letzten Lebensjahr erhalten. Die Wahrscheinlichkeit ist groß, dass er in St. Johannes Baptist getauft wurde. Beziehungsweise in St. Ägidius. Der ursprüngliche Kirchenpatron war als nicht biblischer Heiliger für die Evangelischen nicht akzeptabel. Spätestens für seine Ausbildung zum Priester übersiedelte Grünsleder nach Regensburg. Dort wurde er am 25. Mai 1420 verhaftet und hingerichtet. Der fünf Jahre zuvor auf dem Scheiterhaufen verbrannte böhmische Papstkritiker Jan Hus propagierte die Laienpriesterschaft, eine Kirche des Verzichts und die Kelchkommunion. Radikale Forderungen, die – das weiß man – auch in Vohenstrauß auf fruchtbaren Boden fielen.

Man sieht der bildhübschen, mit Relikten aus acht Jahrhunderten gespickten Kirche ihr Alter an. Nicht aber das erst 1654 beendete Gezänk um die rechte Glaubenslehre. Und das damals eingeführte Simultaneum auch nur auf den zweiten Blick. Denn die sparsamen Evangelischen ließen den Altgläubigen bei Umgestaltungen gerne freie Hand. Sofern sie im Gegenzug die Rechnung allein bezahlten. Zum Beispiel 1752 die Anschaffung des barocken Hochaltars mit dem Heiligen Sebastian und Maria als Himmelskönigin.

Adresse St. Johannes Baptist / der Täufer, Fiedelbühlstraße 1, 92648 Vohenstrauß-Altenstadt | Öffnungszeiten täglich tagsüber frei zugänglich, Konfession: evangelisch und katholisch, Gottesdienst: evangelisch: unregelmäßig; katholisch: unter anderem Di 18 Uhr (Winter), 19 Uhr (Sommer) | Tipp Die Kreuzbergkirche im nahen Pleystein ist bereits wegen ihrer Lage ein Erlebnis, sie thront auf einem schroffen Felsen über der Stadt.

3 Basilika St. Martin

Patina des 19. Jahrhunderts

Ein gigantisch weites, von 18 Säulen getragenes Raumwunder. 72 Meter lang, 27,8 Meter breit. So üppig dimensioniert, dass man in ihm spazieren gehen kann. Die Schlusssteine in 20 Meter Höhe. Dazu ein 92 Meter hoher Turm.

Zugegeben, gemessen an dem, was in anderen Regionen und Ländern – Köln, Paris, Chartres – an Kathedralen herumsteht, hört sich der Superlativ der größten gotischen Hallenkirche der Oberpfalz wie der trotzige Versuch eines Vorschulknirpses an, bei den Viertklässlern mitspielen zu dürfen. Wer sich auf ihn einlässt, wird dennoch zugeben müssen: Versprechen eingehalten! Sofern das Umfeld einbezogen wird. Für sich allein bietet die von den Wechselbädern der Geschichte arg gebeutelte Kirche zwar mehr Schein als Sein. Aber da ist ja noch das Ambiente des Marktplatzes, den die Basilika St. Martin nach Süden abschließt, ja überhaupt der ewige Geheimtipp Amberger Altstadt. Diese schafft es spielend, Touristenmagnete, die für ihr historisches Flair berühmt sind, in den Schatten zu stellen.

Als man 1421 damit begann, einen romanischen Vorgängerbau zu ersetzen, war die Sachlage noch klar und einfach. Das durch den Handel mit Erz und Eisen reich gewordene Amberg brauchte ein repräsentatives Gotteshaus. Und eine Grablege fürs wittelsbacherische Herrscherhaus. Aber bereits in dem Moment, in dem die letzten Bauarbeiter abzogen, übernahm das Chaos der Kirchenspaltung. 1557 und noch einmal 1568/69 zerstörten die Protestanten, was bis dahin heilig war: die Altäre und die Ausmalung. Die Gegenreformation verlangte ein barockes Farbenfest. Im 18. Jahrhundert gingen dann auch noch die gotischen Fenster zu Bruch. Mit wenig Wissen, aber viel Phantasie baute man die Halle ab den 1850er Jahren in den heutigen Zustand zurück. Die vermeintlich alten Altäre stammen aus dieser Zeit, wobei oft Originalteile verbaut wurden. Bezüglich der Details einen ausliegenden Kirchenführer zu konsultieren: lohnt!

Adresse Basilika St. Martin, Rathausstraße 8, 92224 Amberg, www.amberg-st-martin.de | Öffnungszeiten täglich tagsüber frei zugänglich, Konfession: katholisch, Gottesdienst: Mi–Sa 8 Uhr, So 9, 10.30 und 19 Uhr | Tipp Die 1802 säkularisierte, gotische Kirche des Amberger Franziskanerklosters wird heute als Stadttheater genutzt.

4 Mariahilfbergkirche

Wunderwerk eines Protestanten

Dass mit Lucas Cranach d. Ä. ausgerechnet ein enger Freund Martin Luthers eine der ganz großen Ikonen der Gegenreformation kreierte, lässt an Ironie nicht zu wünschen übrig. Ein Jahrhundert lang verstaubte das Gnadenbild Mariahilf in Dresden. Mitte des 17. Jahrhunderts wechselte es in den Dom von Innsbruck. In der Oberpfalz kennt es seither jedes Kind. Denn keine andere Muttergottes wurde ähnlich oft kopiert, um in Kirchen, vor allem aber in Kapellen, die Himmelskönigin persönlich um Beistand bitten zu können.

Die Kopie, die am meisten zur Verbreitung beigetragen hat, befindet sich heute im Hauptaltar einer 130 Höhenmeter über Amberg thronenden, imposanten barocken Kirche. Wer den 1696 bis 1717 über zwei Vorgängern errichteten, bedeutendsten Wallfahrtsort der nördlichen Oberpfalz genauer in Augenschein nehmen will, sollte die Woche um den 2. Juli (Mariä Heimsuchung) meiden. Dann nämlich steigt dort das Bergfest, eine eigenwillige Melange aus inbrünstiger Marienverehrung und einem ausgelassenen Bier- und Bratwurstspektakel. Obwohl Musik verboten ist, wird es voll. Und derb.

Hervorzuheben sind die detailreichen Deckengemälde. Sie erzählen die Geschichte der Amberger Maria-Hilf-Wallfahrt und stammen von Cosmas Damian Asam, dem bedeutendsten Barockmaler Süddeutschlands. 1634 wütete unten in der Stadt die Pest. Rund ein Viertel der Einwohner sollte sie das Leben kosten. Um sie einzudämmen, riet der Jesuitenpater Caspar Hell, die Ruine der Amberger Höhenburg zu einer Kapelle umzubauen und das Gelöbnis einer jährlichen Marienwallfahrt abzulegen. Hell, der 18 seiner 27 Mitbrüder verlor, stiftete eine selbst angefertigte Replik der Cranach-Madonna. Nachdem man sie auf den Berg gebracht hatte, ebbte die Epidemie allmählich ab. Was Cranach und Luther nicht wissen können: Allein bis 1694 wurden 162 Gebetserhörungen registriert. Die Freunde würden sich im Grab umdrehen.

Adresse Wallfahrtskirche Maria Hilf, Auf dem Mariahilfberg 3, 92224 Amberg, www.mariahilfberg-amberg.de | **Öffnungszeiten** Mo – Fr, So 6.30 – 18 Uhr, Sa ab 8.30 Uhr, Konfession: katholisch, Gottesdienst: Mo – Fr 7 und 9 Uhr, Sa 9 und 16 Uhr, So 7, 8.30 und 10 Uhr, Bergfest um den 2. Juli (genauer Termin siehe Website) | **Tipp** Nicht ganz so groß, aber bezüglich der Mischung aus Marienkult und weltlichem Gelage ähnlich kurios, wird um den 15. August im nahen Hahnbach das Frohnbergfest gefeiert. Und dann in den ersten Septembertagen in Gebenbach das Mausbergfest …

5 St. Georg

Missionare des Spektakels

Zu 100 Prozent getauft. Katholisch als Einheitsglaube. Sonntäglicher Messebesuch als Pflicht. – Der Auftrag, den der bayerische Herzog Maximilian I. 1621 an eine noch junge Ordensgemeinschaft herantrug, hätte klarer nicht sein können. Die Brüder der Gesellschaft Jesu verfügten, wie der Regent aus seiner Studentenzeit wusste, über das chirurgische Präzisionsbesteck, um den Tumor des Protestantismus aus den Köpfen des Volkes herauszuoperieren. Jetzt, nachdem man ihm die Alleinherrschaft über die Oberpfalz übertragen hatte, durften sich die Eiferer darauf freuen, ihre Schäfchen zum wahren Glauben zurückzuführen. Gegenreformation juhe!

Am westlichen Rand der Amberger Altstadt schirmt ein 160 Meter langer Querriegel ein Quartier ab, das den Jesuiten 1627 zu genau diesem Zweck überlassen wurde. In einem Hinterhof ihrer ab 1665 wieder und wieder erweiterten und zu einem labyrinthischen Kolleg ausgebauten Missionszentrale versteckt sich – nur durch einen wenig einladenden Durchlass erreichbar – die Großkirche St. Georg.

Noch mehr als die Franziskaner und Kapuziner haben die Jesuiten jene eigenwillige, für Altbayern so typische, bis heute tief verwurzelte Spielart der katholischen Glaubenspraxis geprägt, bei der Buße und Bratwurst, Gebet und Schafkopf, Hochamt und Volksfest nahtlos ineinander übergehen. Ihre Idee, den Gottesdienst als Spektakel zu gestalten und die Treue zu Rom durch Ölberg-, Krippen- und Passionsspiele in das Herz der einfachen Menschen zu pflanzen, spiegelt sich auch in der neuen Innengestaltung ihrer Oberpfälzer Hauptkirche. Wuchtiger Barock. Ein überbordender, bombastischer Festschmaus aus Stuck und Fresken. Ein Feuerwerk. Aber halt auch überladen.

Oder sagen wir's doch ehrlich: stark überzuckert. Wie die Gegenreformation überhaupt. Und der theatralische und eitle Eifer der Jesuiten. Die bekanntlich derart über die Stränge schlugen, dass der Papst den Orden 1773 auflöste.

Adresse St. Georg, Malteserplatz 4, 92224 Amberg, www.amberg-st-georg.de | Öffnungszeiten täglich tagsüber frei zugänglich, Konfession: katholisch, Gottesdienst: So 9 und 10.30 Uhr, weitere siehe Website | Tipp Für Freunde barocker Kirchen ist die 1697 bis 1699 erbaute Amberger Schulkirche ein ganz besonderer Augenschmaus.

6 Maria Schnee

Bastion der Berufenen

»Beichtgelegenheit täglich«, schreit es von einer quietschgelben Werbetafel herunter. Der Eyecatcher an der Durchfahrtsstraße von Aufhausen, einem stattlichen, auf eine Anhöhe gesetzten Dorf hart an der Grenze zu Niederbayern, ist das Zweite, was man von der Wallfahrtskirche Maria Schnee zu sehen bekommt. Nach ihrem berühmten Zwiebelturm, der Grüße ins Bauernland sendet.

Die Pilger, die sich von dem ab 1670 über einem gotischen Vorgängerbau errichteten Gotteshaus magisch angezogen fühlen, lassen sich grob in zwei Gruppen unterteilen. Kategorie eins lockt der Ruf eines Deckenfreskos von Franz Joseph Zitter, das die Maria-Schnee-Legende in virtuoser Trompe-l'Œil-Technik erzählt. In jungen Jahren Mitarbeiter der Brüder Asam, gelang Zitter die Illusion, dass die Kirche über das Dach hinausreicht und über ihr ein Kranz schmucker Gebäude aufragt, über denen der Himmel offen steht. Das Marienwunder, das sich 358 in Rom zutrug, verlegte er nach Aufhausen: Wenn er dort, wo am nächsten Tag, am 5. August, Schnee liegen wird, eine Kirche stiftet, so die Vision eines reichen Christen, wird Maria dafür sorgen, dass seine Frau ihm einen Sohn gebiert. Es schneite. Aber nur auf einen kleinen Fleck Erde. Dort, wo heute eine der größten Kirchen Roms steht, Santa Maria Maggiore.

Leider müssen Kunstfreunde damit rechnen, dass ihnen etliche Parteigänger der Kategorie zwei feindliche Blicke zuwerfen. Die von der Werbetafel aufgeworfene Ahnung, dass es sich bei Maria Schnee um eine der letzten Bastionen jener Gläubigen handelt, für die die eigene Frömmigkeit der einzige tolerierbare Lebensweg und das Maß aller Dinge ist, bestätigt sich hier. Denn stets kniet mindestens ein Berufener vor dem Altar. Die Nettikette, die in den anderen Andachtskirchen der Oberpfalz ein harmonisches Nebeneinander von Glaube und Besichtigung ermöglicht, scheint in Aufhausen außer Kraft gesetzt.

Adresse Maria Schnee, Hofmark 2, 93089 Aufhausen, www.pfarrei-aufhausen.de, www.blut-christi.de | Öffnungszeiten täglich tagsüber frei zugänglich, Konfession: katholisch, Gottesdienst: Mo–Sa 9 und 18.30 Uhr, So 8, 10 und 18.30 Uhr; Rosenkranz täglich 19.30 Uhr, ewige Anbetung tagsüber in der Kirche, nachts im Pfarrhaus | Tipp In direkter Nachbarschaft findet sich mit St. Bartholomäus eine hübsche Dorfkirche mit gotischem Chor.

7 Mariä Himmelfahrt

Nicht im Sturm zu nehmen

Der beste Ort, um die Hauptkirche Mariä Himmelfahrt in Augenschein zu nehmen, befindet sich am tiefsten Punkt von Bad Kötzting. Unten, auf Höhe des Flüsschens Weißer Regen, bittet der Besucherparkplatz Ludwigstraße, dem Auto eine Auszeit zu gönnen. Das Schnalzen der Zentralverriegelung gibt das Signal, sich in ein historisches Rollenspiel fallen zu lassen: Wie ließe sich die massige Burg, die dort aufsteigt, mit ihren gestaffelten, durch Türme verstärkten Verteidigungsmauern wohl am besten mit nur geringen Verlusten einnehmen? Frech grinst das in das Bollwerk modellierte Gotteshaus herunter. Am besten, man nimmt es nicht im Sturm, sondern folgt der Straße, die in die Altstadt hinaufführt. Das Burgtor steht offen. Die Kirchentüre ebenfalls.

Warum genau die maßgebliche Gebetsstätte Bad Kötztings auf einer Festung liegt, die von der Bürgerstadt durch einen tiefen Graben abgeschnitten ist, liegt im Dunkel der Geschichte. Im 11. oder 12. Jahrhundert muss die lokale Herrscherfamilie eine ihrer Burgen der Kirche gestiftet haben. 1151 beurkundete der Papst das auf halbem Weg zwischen München und dem Chiemsee gelegene Kloster Rott am Inn als Eigentümer. Dessen Äbte hielten nicht nur die Verteidigungsbauten stets auf dem neuesten Stand. Eine weitere päpstliche Urkunde erwähnt 1179 eine Klosterkirche, die im Lauf der Zeit die Aufgaben der Stadtpfarrei an sich zog. Als sie ab 1737 in einem dreißigjährigen Kraftakt ihr heutiges Aussehen erhielt, gehörte Bad Kötzing längst den Herzögen von Bayern. Leider verloren gegangen: die originalen Deckengemälde Otto Gebhard von Prüfenings. Große Teile des Innendekors stammen aus den 1930ern.

Im Burghof widmet sich ein Museum einer der größten Pferdeprozession Europas. Beim Bad Kötztinger Pfingstritt, der seit 1412 nachweisbar, wohl aber deutlich älter ist, fungiert Mariä Himmelfahrt als Start- und Zielpunkt.

Adresse Pfarrkirche Mariä Himmelfahrt und Pfingstrittmuseum, Herrenstraße 11, 93444 Bad Kötzting, pfarrei-badkoetzting.de | **Öffnungszeiten** Kirche täglich tagsüber frei zugänglich, Konfession: katholisch, Gottesdienst: So 8.30 und 10.30 Uhr, weitere siehe Website; Pfingstrittmuseum So 10–12 und 14–16 Uhr, Pfingstritt: Pfingstmontag, Start 8 Uhr bei Mariä Himmelfahrt | **Tipp** Die Wallfahrtskirche Mariä Himmelfahrt im nach Bad Kötzting eingemeindeten Weißenregen ist für ihre einzigartige Kanzel berühmt. Sie ist als Schiff gestaltet, auf dem die Jünger Jesu gerade Fische fangen.

8 Kirchenruine St. Barbara

Hundert Höhenmeter Qual und Lohn

Der ewige Zyklus aus Untergang und Auferstehung. Er hat sein Symbol in den Barbarazweigen gefunden, die am 4. Dezember in der sicheren Hoffnung geschnitten werden, dass sie bis Weihnachten austreiben. Ebenso eindringlich verkörpert ihn eine exponiert platzierte Wallfahrtsstätte. Einst eine stolze Kirche, heute eine Ruine: Seit Menschengedenken zieht der Barbaraberg mit immer wieder neu definierten Heils- und Erholungsversprechen Gläubige und Ausflügler in seinen Bann.

Empfohlen wird, die morbide Landmarke vom Kloster Speinshart aus zu erwandern, dem das Gemäuer in seinen goldenen Zeiten als Sommerresidenz diente. Picknick einpacken! Zwei Kilometer mögen kurz sein. Der Weg setzt aber Leidensfähigkeit voraus. Speziell auf jenem letzten Abschnitt, auf dem eine Allee uralter Bäume schnurgerade den Hang hinaufführt – vorbei an Kreuzwegstationen, deren Aufforderung zum Gebet eine Chance zum Durchschnaufen verspricht. Dann der Lohn, 100 Höhenmeter über der Landschaft zu thronen. Am höchsten Punkt der schöne Schein, den der Lauf der Geschichte von einer der meist besuchten Wallfahrtsstätten des 18. Jahrhunderts übrig ließ. Wo sich einst hinter einer deutlich derangierten Barockfassade eine verspielt dekorierte Halle öffnete, befindet sich heute: nichts.

Offiziell beginnt die Geschichte des Barbarabergs um 1000. Neue archäologische Funde deuten an, dass in der bereits zu dieser Zeit längst verschwundenen slawischen Metropole Mirga eine Kirche stand. Aufschwung – dank einer wundertätigen Statue der heiligen Barbara. Nach der evangelisch-calvinistischen Epoche Wiederinbetriebnahme. 1741 bis 1756 Neubau. 1803 Verbot der Wallfahrt. St. Barbara dient jetzt als Scheune.1888 stürzt sie bis auf die Fassade ein. 1921 setzt man hinter den morbid schönen Schein ein Kapellchen. In ihm hoffen die wundertätige Statue und Reliquien der heiligen Barbara auf die Rückkehr besserer Zeiten.

Adresse ehemalige Wallfahrtskirche St. Barbara, Barbaraberg, 92676 Speinshart | Öffnungszeiten Areal frei zugänglich, Kapelle nur zu besonderen Anlässen geöffnet, Konfession: katholisch, Gottesdienst: Sternwallfahrt an Christi Himmelfahrt | Tipp Zwei Rokokoaltäre aus St. Barbara befinden sich heute in Erbendorf (Landkreis Tirschenreuth) in der Pfarrkirche Mariä Himmelfahrt.

9 Steinbergkirche

Bayerisch-böhmisches Grenzscharnier

Dass man auf dem Weg von Nürnberg nach Prag die Grenze bei Waidhaus passiert, ist eine Folge des Postkutschenverkehrs des 18. Jahrhunderts. Bis dahin standen die Handelskarawanen eine Tagesetappe hinter Sulzbach-Rosenberg vor der Qual der Wahl. Im Städtchen Hirschau gabelte sich die Route. Diplomaten, Adelige und Fuhrleute, denen eine besonders wertvolle Fracht anvertraut war, bevorzugten stets die längere, strapaziösere, aber sicherere »Goldene Straße«, die den bayerisch-böhmischen Wald kurz hinter Bärnau quert.

Auch wenn am letzten, quälenden Anstieg, der von Bärnau auf den Grenzpass hinaufführt, erst seit 1756 ein anfangs hölzernes, 1763 bis 1768 aus Stein erneuertes Kirchlein auf eine Pause zu sich bittet, dürften Reisende dort auch schon vorher von Emotionen übermannt worden sein. Schier unendlich weit reicht von der Wallfahrtskirche am Steinberg der Blick zurück auf die Oberpfalz. Das dahinten könnte Amberg, ja vielleicht sogar Nürnberg sein! Ein perfekter Picknickplatz, um sich gebührend zu verabschieden. Denn keinen Kilometer weiter schlägt mit der Perspektive die Stimmung um. Wälder. Schier unendlich. Weit hinten Kirchtürme und Giebel. Ist das Tachov, die erste Stadt auf böhmischer Seite? Unsicherheit.

1768 pflanze man eine Kreuzweg-Allee, die so steil ist, dass man sie nur auf Knien bezwingen kann. Weil die jährliche Wallfahrt der Bärnauer rüber nach Tachov 1787 gesetzlich unterbunden wurde, endet sie seither am Steinberg. Nach 1945 nutzten die Heimatvertriebenen das Kleinod als spirituelles Scharnier – zerrissen zwischen der Hoffnung auf einen guten Neuanfang und der Sehnsucht, schnell zurückkehren zu dürfen. Selbst Ungläubige erkennen es an: Die Steinbergkirche strahlt Magie aus. Sie und ihr Gnadenbild eines an einen Pflock geketteten Heilands sind in der Lage, innere, seelische Berge zu versetzen, die dem Lebensglück im Weg stehen.

Adresse Steinbergkirche Zum Gegeißelten Heiland; fährt man von 95671 Bärnau in Richtung Grenze, ist sie nicht zu übersehen; Parkplatz direkt vor der Kirche | Öffnungszeiten vergitterter Vorraum täglich tagsüber frei zugänglich, Konfession: katholisch, Gottesdienst: Steinbergfest (Wallfahrt) So vor dem 24. Juni | Tipp Direkt hinter der Grenze erinnert eine Säule an den in den 1950er Jahren abgetragenen Ort Paulusbrunn. Wer dem alten Grenzweg nach links folgt, stößt bald auf dessen Friedhof, der wieder gepflegt wird; wer ihm nach rechts folgt, trifft nach einer Weile auf einen zum Wachturm umfunktionierten Kirchturm.

10 Mariä Himmelfahrt

Keine Frage des Geschmacks

Wie der Mut, die Ehre und die Moral ist auch die Schönheit keine Frage des Geschmacks. Laut klassischer Definition ist sie dann gegeben, wenn alles im richtigen Verhältnis zueinander steht, ein harmonisches Ganzes bildet. So wie bei den diversen Bestandteilen, aus denen sich das im hügeligen Norden der Oberpfalz versteckte Beidl zusammensetzt. Fischteiche, die dem seit 1.000 Jahren in sich selbst ruhenden Dörfchen einen äußeren Halt geben. Häuser, Ställe und Schuppen, die sich um einen Hügel herum verteilen. Auf dem höchsten Punkt ein stattliches, einander zugewandtes Ensemble aus altem Schulhaus, Pfarrhof, der obligatorischen, leider schon seit Längerem sich selbst überlassenen Gaststätte, dem Gottesacker und einem Doppelzwiebelturm, der seine Kirche mit dem Himmel verbindet. Ein Bilderbuchdorf. Malerisch, mit einem Hauch von Kitsch.

Wie das 70 Einwohner kleine Dorf selbst gilt auch die Kirche Mariä Himmelfahrt zu Recht als wahre Schönheit. Hoch emotional, ja mitreißend ausgestaltet. Aber nicht verschwenderisch, der Standesunterschied zum Landesherrn, dem Kloster Waldsassen und seiner nur 30 Jahre zuvor als Feuerwerk der Stuckateurskunst gearbeiteten Stiftskirche, musste schließlich gewahrt sein. Deckenfresken und Altarbilder, die einfache, klar verständliche Geschichten erzählen. Exponiert an den Seitenwänden positioniert: drei für die Unbilden des Landlebens – Gewitter, Dürre, aufdringliche Knechte – besonders wichtige Schutzpatrone, auf deren Beistand man sich verlassen können musste. Dazu der im Einflussbereich Böhmens omnipräsente heilige Nepomuk.

Das Musterbeispiel für die ländliche Glaubensarchitektur des späten Barock wurde 1729 bis 1732 von den Einwohnern Beidls selbst erbaut. Unter Anleitung des legendären Waldsassener Laienbruders und Baumeisters Philipp Muttone, der die Kirchenlandschaft der Region wie kein anderer geprägt hat.

Adresse Mariä Himmelfahrt, Leonhardistraße 10, 95703 Plößberg-Beidl, www.pfarrei-beidl-ploessberg.de | Öffnungszeiten täglich tagsüber frei zugänglich, Konfession: katholisch, Gottesdienst: Di 19 Uhr, So im Wechsel, siehe Website | Tipp Acht Wallfahrtsorte in sechs Tagen, dieses Pensum verlangte die im 18. Jahrhundert populäre Königsberger Prozession ihren Teilnehmern ab. Am 2. Juli führte sie von der sehenswerten Wallfahrtskirche St. Quirin (bei Ilsenbach) nach Beidl, wo man in der an Mariä Himmelfahrt angeschlossenen Kapelle St. Leonhard um Fürsprache bat.

11 St. Peter und Paul

Nach jedem Krieg ein bisschen Frieden

An einer Fernhandelsstraße zu liegen, war für die Perle des Laabertals, wie Beratzhausen auch genannt wird, ein großes Glück – das sich freilich schnell in ein großes Übel verkehren konnte. Auf derselben Route, auf der die Fuhrleute von Regensburg in Richtung Nürnberg zogen, marschierten in Kriegszeiten die Heere ihrem Feind entgegen. Im Dreißigjährigen Krieg ernährten sie sich wie Heuschrecken. Sie fraßen kahl, was immer sie am Wegrand vorfanden. Weil Beratzhausens Landesherr bereits 1521 die lutherische Glaubenslehre angenommen hatte – als Erster in der Oberpfalz –, wüteten die Landsknechte dort besonders gründlich. Deshalb also – und wegen Napoleons Armee und eines Brandes im 19. Jahrhundert – ist der Marktfleck zwar ungemein schmuck, aber arm an wirklich alten Häusern.

Wie lange Beratzhausen gebraucht hat, um sich von den Gewaltorgien der Jahre 1633 und 1648 zu erholen, lässt sich an der Stadtpfarrkirche ablesen. Als man 1762 endlich das Geld für die Renovierung des arg in Mitleidenschaft gezogenen, gotischen Gotteshauses beisammenhatte und einen Spezialisten mit der Untersuchung der Bausubstanz beauftragte, arbeitete dieser lieber gleich einen Plan für einen Neubau aus. Lediglich der Turm konnte erhalten werden.

Von außen nur mäßig inspirierend, entpuppt sich das nur drei Jahre später wiederauferstandene Gotteshaus als lichtdurchfluteter Festsaal. Triggerwarnung: Der Innenraum feiert den Schrecken des Todes am Beispiel zweier Glaubensvorbilder, der Kirchenpatrone Petrus und Paulus. Der Blickfang des Hauptaltars inszeniert ihre Berufung. Die in ihrer Dramatik und ihrem Farbrausch mehr als meisterhaften Deckenfresken erzählen von ihren letzten Tagen in Rom, ihrem brutalen Märtyrertod. Jedes Beratzhausener Kriegsopfer konnte sich in ihnen wiedererkennen. Der viele Stuck ist übrigens gar keiner. Die Ornamente und Rahmen mögen plastisch wirken, sind aber aufgemalt.

Adresse Stadtpfarrkirche St. Peter und Paul, Kirchplatz, 93176 Beratzhausen, www.seelsorge-beratzhausen-pfraundorf.de | Öffnungszeiten täglich tagsüber frei zugänglich, Konfession: katholisch, Gottesdienst: So 8.15 und 10.45 Uhr, weitere siehe Website | Tipp Die im 15. Jahrhundert erbaute Friedhofskapelle St. Sebastian überstand alle Kriege ohne größere Blessuren, ist aber leider nur zu besonderen Anlässen geöffnet.

12 St. Lorenz

Chiffrierte Versuchung

Die Einführung der Reformation 1533 setzte in Nürnberg einen Exodus an Kunstwerken in Gang. Wohlhabende Familien, die sich dem Zwang zum neuen Glauben nur widerwillig beugten, holten die von ihnen gestifteten Bilder aus den Kirchen, schickten sie an sichere Orte. Besonders beliebt: die romanisch-gotische St.-Lorenz-Kirche des zum Bistum Eichstätt gehörenden Städtchens Berching. Was veranlasste die Reformierten damals zu dem gnadenlosen Bildersturm? Was ist so schlimm an den bis dato omnipräsenten Heiligenlegenden?

Speziell der rechte Seitenaltar von St. Lorenz, der mindestens der Donauschule, häufig sogar deren Großgenie Albrecht Altdorfer persönlich zugeschrieben wird, lässt sich nicht einfach nur als kunstgeschichtliches Meisterstück betrachten. Besonders in unserer heutigen Zeit, in der eine schonungslose Debatte über Zölibat, Sexualität im Allgemeinen und erschreckend weit verbreiteten Missbrauch als so ziemlich einzige Möglichkeit erscheint, den Scherbenhaufen der katholischen Kirche doch noch zu kitten. Erzählt wird das Martyrium des Kirchenpatrons, der erst gefoltert, dann lebendig auf einem Rost gebraten wurde. Auf der berühmtesten der Tafeln lächelt er den Betrachter komplizenhaft an. Nackt. Geduldig, genießerisch – man kann auch meinen: sich eines baldigen Orgasmus sicher – erduldet er, dass ihn zwei Herren mit brennenden Kerzen piesacken. Ein dritter deutet, als wolle er sagen: »Das da nicht vergessen!«, auf des Märtyrers Gemächt. Eine Heiligengeschichte als Anleitung zu sexueller Lust? Die dargestellte Praxis – Wachsspiele – ist uralt und unter Liebenden weit verbreitet. Nicht sie ist pervers, sondern, sie mit einem keuschen Märtyrerkult zu chiffrieren. Bitte noch einmal genau hinsehen: Wie alt mag St. Lorenz sein? Kann und will uralte Kunst tatsächlich Auskunft geben, warum sich in der Institution Kirche so viel Skandalöses aufgestapelt hat? Alles eine Frage der Lesart.

Adresse Pfarrkirche St. Lorenz, St.-Lorenz-Straße 2, 92334 Berching, www.berching.bistum-eichstaett.de | Öffnungszeiten täglich tagsüber frei zugänglich, Konfession: katholisch, Gottesdienst: nur zu besonderen Anlässen | Tipp Eine Stiftung eines innerlich katholisch gebliebenen Nürnbergers sicherte auch die Ölbergspiele in St. Lorenz ab, bei denen seit 1516 bewegliche Figuren die letzten Stunden vor der Verhaftung Jesu nachstellen (in der Fastenzeit jeden Donnerstag 14.15 Uhr, letzter Fastendonnerstag 18.30 Uhr).

13 St. Sebastian mit Quelle

Frag doch mal die Phantasie

Der Januar ist kein Monat, in dem das wildromantische Altmühl-Jura Freude macht. In seinen Tälern lichtet sich der Nebel erst gegen Mittag. Aber auch dann will es nicht richtig hell werden. Breitenbrunn, ein Marktfleck am Zusammenfluss von Wissinger und Weißer Laaber, wirkt im Winter, als habe es die Hoffnung aufgegeben, zur zivilisierten Welt dazuzugehören. Aber wer die am Ortsausgang auf einen schroffen Fels gesetzte, mit Dutzenden Rätseln verknüpfte Wallfahrtskirche St. Sebastian auch von innen gesehen habe will, hat keine Wahl. Er muss sich den Einheimischen anschließen, die in der Woche um den 20. Januar, dem Patronatstag, zweimal täglich zu ihrem Kleinod hinaufpilgern.

Der Kern aller Rätsel: Auf Talhöhe entspringt dem Fels, auf dem man 1386 – die Geschichte von St. Sebastian ist nur unzureichend übermittelt und erforscht – eine erste, achteckige Gebetsstätte erbaut haben will, eine Quelle. Aber erst 1672 stellte sich heraus, dass ihr Wasser Heilkräfte besitzt. Selbstredend, dass sich die Phantasie jetzt einen vorchristlichen Kultort ausmalt, sowie dass im 7. Jahrhundert Willibald, der Gründer des Bistums Eichstätt, genau an dieser Stelle alles taufte, was Beine hatte. Die heutige, überdachte Quellfassung wurde 1691 nach einer zweiten wundersamen Heilung gestiftet, die einen Pilgerboom auslöste. Da das Oktogon – eine für das ausgehende 14. Jahrhundert extrem unübliche Bauform – bald aus allen Nähten platzte, fügte man 1702 bis 1708 rückseitig ein Langhaus und nach vorn einen Turm an.

Bleibt als Letztes: Weshalb hat man Hufeisen an die Kirchentür genagelt? Sie kennzeichnen St. Sebastian als Ziel einer Pferdewallfahrt. War die letzte noch bestehende Wallfahrt ursprünglich ein Pfingstritt? Das Datum würde passen!

Um auch das noch zu sagen: Das Altmühl-Jura ist im Sommer ein wahres Paradies, und man muss nicht jeden Innenraum betreten haben.

Adresse Wallfahrtskirche und Quelle St. Sebastian, St.-Sebastians-Weg 11, 92363 Breitenbrunn | Öffnungszeiten nur zu besonderen Anlässen, Konfession: katholisch, Gottesdienst: in der Woche um den 20. Januar zweimal täglich, Details siehe www.breitenbrunn.bistum-eichstaett.de; Wallfahrtsbetrieb an Pfingstmontag | Tipp Die nahe, äußerst sehenswerte Wallfahrtskirche Eichlberg ist eine Landmarke – und damit ein Wahrzeichen des Altmühl-Juras.

14 Burgkapelle

Getrennte Welten

Eine der folgenreichsten Bauvorschriften des christlichen Abendlands erscheint uns heute ähnlich selbstverständlich, wie dass es nachts dunkel ist. Sie besagt, dass über einem Gotteshaus nur der Herrgott selbst wohnen, es nicht aufgestockt werden darf. Wie man bei der Besichtigung dieses Ausbunds an Romantik feststellen wird, der Kapelle einer abgetragenen Burg, die einst wie ein Wachposten aus dem Grenzland des Oberpfälzisch-Fränkischen Juras herausstach, gibt es freilich auch von dieser Regel eine Ausnahme.

Als das Geschlecht der von Breitenstein die Anlage im 12. Jahrhundert ausbaute, sorgte sie beiläufig dafür, dass das zwölf Höhenmeter tiefer gelegene, 17 Einwohner kleine Dörfchen heute ein Wirtshaus besitzt. Unter Wanderern ist die klobige, aus grobem Stein gefügte Burgkapelle legendär. Auch Kletterer schauen gerne vorbei.

Es wirkt, als habe Gott versehentlich zu stark an der Kapelle gezogen, als er heimlich ihre Qualität prüfen wollte. Für ihre bescheidene Fläche ist sie viel zu hoch. Sie hat zwei Stockwerke! Es empfiehlt sich, zunächst den ebenerdigen Eingang zu suchen. Er liegt auf der dem Dorf zugewandten Seite, führt in eine niedrige, menschengeschaffene Höhle. Mit Altar. In diesem Raum nahm vor 800 Jahren der Pfarrer dem Burggesinde die Beichte ab. Wieder im Freien, will erwähnt sein, dass die Treppe ins Obergeschoss eine Zutat von 1713 ist. Sie führt zu einem zweiten, deutlich prächtigeren, vormals der Familie des Burgherrn vorbehaltenen Raum mit Rokokoaltar. Zwei übereinandergestapelte Gebetsstätten! Solche Doppelkapellen sind extrem selten. Das Breitensteiner Exemplar ist das einzige, das sich in der Oberpfalz erhalten hat.

Weil ein weiteres Grundgesetz des christlichen Abendlands besagt, dass Gotteshäuser auch im Krieg nicht gestürmt werden dürfen, und da sich hinter der Treppe einst das Burgtor befand, war Breitenstein faktisch uneinnehmbar!

Adresse Burgkapelle und Kapellenschenke Breitenstein, Breitenstein 2 und 3, 92281 Königstein-Breitenstein, www.kapellenschaenke-breitenstein.de | Öffnungszeiten Kapelle: wenn geschlossen, im Haus rechts am Beginn des Aufstiegs Schlüssel erfragen, Konfession: katholisch, Gottesdienst: siehe Gottesdienstordnung auf www.edelsfeld.bistum-eichstaett.de; Wirtshaus: Mi und Fr ab 17 Uhr, Sa ab 14 Uhr, So ab 10 Uhr | Tipp Im direkt unterhalb des spitzen Burgbergs gelegenen Königstein lohnt sich ein Blick in die evangelische Kirche St. Georg.

15 St. Vitus

Fortschrittlich seit 1937

Das Zweite Vatikanische Konzil (1962–65) stellte die Oberpfälzer Pfarrer vor die Herausforderung, nicht unerheblich in die kostbare Innengestaltung ihrer meist barocken Kirchen einzugreifen. Jahrhundertelang hatten sich höchstens Sozialromantiker daran gestört, dass die Messe am Hauptaltar gelesen wurde, der Pfarrer den Gläubigen deshalb den Rücken zukehrte. Plötzlich sollte er seinen Schäfchen bei der Wandlung ins Gesicht sehen, sie »überall, wo es möglich ist«, an einem frei stehenden Volksaltar zelebrieren. Sicherlich auch, um der in den hinteren Bänken weit verbreiteten Sitte den Garaus zu machen, sich die Zeit mit Karten zu vertreiben. Eine Entscheidung, die nicht selten zu – nicht nur im Sinn des Denkmalschutzes – zweifelhaften Ergebnissen geführt hat.

Nicht so in Burglengenfeld. Das 1835 eröffnete Stahlwerk Maxhütte-Haidhof hatte die Bevölkerung und damit auch die Anzahl der Katholiken in die Höhe schnellen lassen. Ab 1921 warb die Zementfabrik erneut ein Heer an Zuzüglern an. Von daher war man bereits geübt, die Stadtkirche neuen Gegebenheiten anzupassen.

Mehr Platz! Will man eine Kirche nicht komplett abreißen, bleibt für dieses Ziel nur eine Lösung: sie zu verlängern. Beim ersten, 1891 erfolgten Eingriff erweiterte man den gotischen, im Rokoko überbordend ausdekorierten Bau an dessen Eingangsbereich. Das fällt kaum auf. Aber auch die 1937/38 erfolgte Totaloperation, der Neubau des Chors als überbreite Rotunde, kann sich sehen lassen. Gerade weil der zeittypische Altarraum, der der abstrakten Form huldigt, eine eigene ästhetische Sprache spricht. Das Gesamte wurde so in zwei ineinandergreifende, aber doch eigenständige Hallen gegliedert. Eine Konzeption, die sich als vorausschauend herausgestellt hat. Wie gemacht für den Volksaltar. Und für eine Zeit, in der für ein gefühlt volles Haus wenige Gottesdienstbesucher ausreichen müssen.

Adresse St. Vitus, Kirchenstraße 15, 93133 Burglengenfeld, www.st-vitus.de | Öffnungszeiten täglich tagsüber frei zugänglich, Konfession: katholisch, Gottesdienst: So. 8.30 Uhr und 10.10 Uhr, weitere siehe Website | Tipp Auf einem der drei Berge, die um Burglengenfeld aufsteigen, dem Kreuzberg, zerstörte 1835 ein Blitzeinschlag ein idyllisches Kapellchen – das natürlich schnell neu aufgebaut wurde.

16 Karner

Nach dem allerletzten Gang

Als die Gebrüder Grimm eine erste Generation von Hobbyheimatforschen inspirierten, es ihnen gleichzutun und sich ebenfalls bei den einfachen Menschen nach Märchen und Sagen umzuhören, bekamen die Kinder des Dörfchens Chammünster zum Einschlafen folgende Geschichte erzählt: Es war einmal eine Kirche, die vom Erdboden verschluckt wurde. Mitsamt der Leute, die sich zum Gebet versammelt hatten. Kein Wunder, dass böse Träume die kleinen Körper durchschüttelten.

Weil in jeder Mär ein Körnchen Wahrheit steckt, ist es ebenfalls kein Wunder, dass ein Dekan namens Bongraz fündig wurde, als er sich 1820 auf die Suche nach dem Gotteshaus machte. Es müsste sich, so seine Idee, daran zu erkennen geben, dass es eine Menge sterblicher Überreste enthielt. Heute weiß man, dass über den bis zur Decke mit Knochen vollgestopften Kellergewölben, auf die er im hintersten Eck des berühmtesten Friedhofs der Oberpfalz stieß, dem Gottesacker hinter Mariä Himmelfahrt (siehe nächste Doppelseite), ursprünglich eine Kirche stand. In St. Katharina begann für die Toten aus 35 umliegenden Gemeinden der letzte Gang. Da der Friedhof bald überfüllt gewesen wäre, löste man ab dem 13. Jahrhundert die jeweils ältesten Graber auf, um Platz für Neuzugänge zu schaffen. Bei den in dieser Zeit errichteten Gewölben handelt es sich um einen Karner – den Aufbewahrungsort für die nicht verwesten Körperteile.

Karner haben sich in der Oberpfalz in großer Zahl erhalten. Der Gruselfaktor, echten Schädeln in die Augenhöhlen sehen zu können, macht das Chammünster Exemplar einzigartig. Im Zuge der Sicherung schaufelte man 1902 drei Monate lang Knochen ans Tageslicht, sortierte die gut erhaltenen heraus. Seitdem ist er nur durch ein Gitter von uns Lebenden getrennt: der Berg aus 5.000 Schädeln. Ums Eck im zweiten, leider nur unzulänglich einsehbaren Gewölbe: zu Mauern aufgeschichtete Schienbeine, Ellen, Rippen und Hüften.

Adresse Karner auf dem Friedhof des Marienmünsters, Chammünster 45, 93413 Cham, www.pfarrei-chammuenster.de | Öffnungszeiten jederzeit einsehbar, Konfession: katholisch, Gottesdienst: nie | Tipp Auf dem historischen Areal der Chammünster Großkirche steht zudem die gotische Anna-Kapelle. Heute ein Museum, findet man in ihr (wie auf dem noch immer genutzten Friedhof) eine Oberpfälzer Besonderheit: Grabkreuze aus Gusseisen.

17 Mariä Himmelfahrt

Größe kennt keine Grenzen

Die stattliche Anzahl von 130 Grabmälern des Klerus und des Adels erklärt, weshalb die Pfarrkirche Mariä Himmelfahrt mitsamt ihres Orts, der Keimzelle der benachbarten Kreisstadt Cham, den Titel »Münster« trägt. Wer gerne mehr Worte als nötig in den Mund nimmt, spricht gemeinhin vom Marienmünster in Chammünster, alle anderen nur vom Chammünster. Gemeint ist stets die Urkirche jener Region, die sich das Regensburger Kloster St. Emmeram 739 an die christliche Welt anzuschließen vornahm.

Der gigantische Einzugsbereich des Missionspostens, der bis zum Grenzkamm des bayerisch-böhmischen Walds reichte, bestand das Mittelalter über weiter, weshalb für den Bau einer repräsentativen Kirche große finanzielle Mittel zur Verfügung standen. Damit die Dimensionen des Marienmünsters ihre volle Wucht entfalten können, muss man ihre Länge von 46 Metern mit der Bevölkerung in Relation setzen. 1871 war Chammmünster noch immer nicht über 320 Seelen hinausgewachsen. Wie verloren müssen sich der Pfarrer, seine Ministranten und die Kirchgänger gefühlt haben. Jahrhundertelang. Zumal ihnen der 1556 von Pfalzgraf Ottheinrich gesetzlich verordnete, protestantisch-calvinistische Bildersturm jedweden Putz genommen, sie leer und kahl zurückgelassen hatte. Das kunsthistorische Glanzstück, ein Fresko aus dem 15. Jahrhundert, das drei verwöhnte, reich gekleidete Könige ihren nackten Ebenbildern gegenüberstellt (nach mittelalterlicher Lesart: ihr Dasein im Leben gegenüber dem im Tod), wurde 1912 unter einer dicken Schicht Tünche wiederentdeckt.

Das erste Chammünster, ein Holzbau, ging während der Ungarneinfälle um 910 in Flammen auf, das zweite, der romanische Nachfolgebau, im 13. Jahrhundert während eines Feldzugs des böhmischen Königs. Die dritte, bereits gotische Kirche brannten die Hussiten nieder. Auf diesen Resten reckt sich seit 1476 spätgotische Baukunst vom Feinsten in den Himmel.

Adresse Pfarrkirche Mariä Himmelfahrt/Marienmünster/Chammünster, Chammünster 45, 93413 Cham, www.pfarrei-chammuenster.de | Öffnungszeiten täglich tagsüber frei zugänglich, Konfession: katholisch, Gottesdienst: siehe Pfarrbrief auf der Website | Tipp In Cham empfiehlt sich ein Besuch der üppig barocken Stadtpfarrkirche St. Jakob.

18 Klosterkirche

Holzaltar mit echtem Bub

Als der bayerische Kurfürst und baldige König Max I. Joseph im Zuge der Säkularisation das Kloster taxierte, das sich die Franziskaner 1660 am Rand des nicht für reich gefüllte Kassen berühmten Dietfurt an der Altmühl errichtet hatten, dürfte ihm nicht sonderlich wohl gewesen sein. Denn es war zwar mit viel Plunder angefüllt, sein Verkauf versprach aber nur wenig Gewinn. Die Entscheidung, wie mit ihm umzugehen sei, beantwortet beiläufig auch die generelle Frage, wo denn eigentlich die Tausenden von Mönchen aus den vielen aufgelösten Klöstern ein Unterkommen fanden. Ab 1802 entstand in Dietfurt ein sogenanntes Zentralkloster, ein Sammelheim für jene Brüder, die nicht in ein weltliches Leben wechselten. Da Novizen verboten waren, würde sich seine Existenz bald auf natürlichem Weg erledigen.

Die durch einen Vorhof vom weltlichen Treiben abgeschirmte, dem Apostel Johannes geweihte Klosterkirche präsentiert sich als ein klassizistisches Kuriosum. Vom erhöhten, auf der linken Seite abzweigenden Mönchschor aus war es nicht möglich, das Geschehen am Hochaltar zu beobachten. Dieser verwandelt sich jedes Jahr mit dem Beginn der Fastenzeit in eine Bühne. Wo sonst das 1964 erneuerte Altarbild erzählt, wie sich Maria und Johannes vom Tod des gekreuzigten Heilands überzeugen, wird jetzt einmal in der Woche jene Nacht, in der Jesus verraten und verhaftet wurde, mit Holzpuppen nachgespielt. Der Engel aber, der am Schluss des Spektakels erscheint, ist echt: ein Dietfurter Bub, der sich durch seine besondere Frömmigkeit für die Rolle qualifiziert hat.

Der Nachfolger von Max I. Joseph, König Ludwig I., erlaubte dem Zentralkloster 1827, sich in einen normalen Konvent zurückzuverwandeln. Seit 1977 versteht er sich als »christliches Zen-Kloster«, das die östliche und westliche Spiritualität in Workshops für jedermann zusammenführt. Die Kurse sind permanent ausgebucht.

Adresse Franziskanerkloster mit Kirche St. Johannes, Klostergasse 8, 92345 Dietfurt an der Altmühl, www.meditationshaus-dietfurt.de | Öffnungszeiten Kirche täglich tagsüber frei zugänglich, Konfession: katholisch, Gottesdienst: Mo–Sa 8 Uhr, So 9 Uhr; Ölbergspiel in der Fastenzeit Do 14 Uhr, Workshops siehe Website | Tipp Überbordend schön: Dietfurts im Barock neu errichtete Stadtpfarrkirche St. Ägidius.

19 St. Salvator

Die griechische Inselkirche Bayerns

Dank der berühmten Walhalla kann sich Donaustauf sicher sein, auf ewig von Besuchern überrannt zu werden, die auch gerne ein paar Euro dalassen. Was nur wenige der Ausflügler wahrnehmen: König Ludwig I. und sein Architekt Leo von Klenze gestalteten auch das Umland der Ruhmeshalle zu einer germanisch-mediterran-antiken Ideallandschaft um. Das Straßennetz des flachen Donautals: zugunsten von Sichtachsen neu justiert. Weinberge: in Eichwälder verwandelt.

1843, ein Jahr nach der Eröffnung der Walhalla, bat von Klenze seinen Bauherrn, endlich auch ein auf einen Bergsporn gesetztes Wallfahrtskirchlein überarbeiten zu dürfen, dessen barockes Äußeres das Gesamtbild störte. Von unten gesehen trifft in St. Salvator seither die Toskana auf Sizilien. Hat man den im Mittelalter angelegten Treppenaufgang hinter sich gebracht, wähnt man sich auf einer griechischen Insel. Man blickt auf ein Meer aus Feldern hinaus. Wie dereinst Penelope auf Ithaka: die Rückkehr des Odysseus erwartend.

Der Ausblick ins Donautal ist so grandios, dass sich die Trauer in Grenzen hält, St. Salvator nicht betreten zu dürfen. Innen würden acht Gemälde von einer bösen Tat erzählen. 1399. Herzöglich-bayerische Truppen belagern das regensburgische Donaustauf. Drei der zur Langeweile verurteilten Soldaten rauben in der Kirche des Nachbardörfchens Sulzbach einen Beutel mit geweihten Hostien. Dem, der sie bei sich trägt, schickt Gott eine Krankheit. Er vergräbt sie. Er versucht, sie wiederzufinden. Vergeblich. Seine Kommandanten starten eine Suchaktion. Exakt dort, wo sie zum Vorschein kommen, zimmert man eine Kapelle zusammen. Berichte von Gebetserhörungen machen die Runde. Um den Strom der Wallfahrer fassen zu können, mauert man 1430 eine gotische Kirche auf, von der sich Fresken erhalten haben. 1744 passt man St. Salvator an den Zeitgeschmack an. Wenige Jahrzehnte vor dem Versiegen des Pilgerstroms im Zug der Säkularisation.

Adresse Wallfahrtskirche St. Salvator, Walhallastraße, 93093 Donaustauf (der Treppenaufgang beginnt neben der Hausnummer 8) | Öffnungszeiten nur zu besonderen Anlässen wie dem Tag des offenen Denkmals, Konfession: katholisch, Gottesdienst: nur zu besonderen Anlässen wie einer Hochzeit | Tipp Am gegenüberliegenden Ufer der Donau, in Barbing, lockt mit St. Martin eine ungemein augenschmeichlerische, weil 1733 mit nur bescheidenen Mitteln barockisierte Dorfkirche.

20 Unsere Liebe Frau in Jerusalem

Ihr Kinderlein kommet

Ein Kreis wohlgenährter Häuser, der seine liebe Kirche in seine Mitte genommen hat. Heute mag uns das beschauliche Duggendorf, das sich nordwestlich von Regensburg an das Ufer der Naab schmiegt, als Idyll erscheinen. Und gestern? 1889 prangerte die »Augsburger Allgemeine« an, in der Region »herrscht die Sitte, Kinder, die der Gemeinde zur Last fallen, öffentlich an den Wenigstnehmenden beim Bürgermeister oder gar in einem Wirtshaus zu versteigern«.

Die Initiative, mit welcher der Königliche Rat und Pfarrer Siegmund Dietz den Überbestand an jungem Leben einer geschützten und gesitteten Kindheit zuzuführen begonnen hatte, muss dem Schreiber damals entgangen sein. Vor Ort hingegen wusste man sein Lebenswerk zu schätzen. Man beauftragte den Münchner Kunstmaler Nikolaus Mathes, für den Hauptaltar der Duggendorfer Kirche ein neues Altarbild zu malen. Das ab 1736 neu errichtete, barocke Gotteshaus gilt zu Recht als eine der schönsten Landkirchen Bayerns. Bis 2019 kannte man es als Mariä Opferung. Da dieses Patronat Frauen in die Rolle eines Gebärgefäßes drängt, veranlasste Pfarrer Andreas Giehrl die Umbenennung in Unsere Liebe Frau in Jerusalem.

Mathes' neobarockes Meisterstück inszeniert den Gründer einer der bedeutendsten Wohlfahrtseinrichtungen der Zeit und seine wichtigsten Mitstreiter als geheiligte Zeugen der Himmelfahrt Marias. Dietz gründete 1862 ein Kinderheim, das bald aus allen Nähten platzte. »Allein bei der fortschreitenden Zunahme der Zöglinge (1886 waren es bereits 69) stand das Gespenst der Sorge ständig um Kochkessel und Kleiderschrank.« So manche Bürger »halfen mit Lebensmitteln aus, und die Zöglinge selbst durchkämmten im Sommer die ganze Umgebung nach Beeren und Pilzen«. Nur ein Tropfen auf den heißen …? Nein! Steter Tropfen höhlt den Stein!

Adresse Unsere Liebe Frau in Jerusalem, Kirchstraße 5, 93182 Duggendorf, www.pg-kall-dugg.de | Öffnungszeiten täglich tagsüber frei zugänglich, Konfession: katholisch, Gottesdienst: siehe Pfarrbrief auf der Website | Tipp Im nur einen Steinwurf entfernten Kallmünz, in dem sich das längst zu einem Seniorenstift umgewandelte Kinderheim befand, lohnt sich ein Besuch der Pestkirche St. Sebastian.

21 St. Jakobus der Ältere

Feuerwerk aus Stuck und Farbe

Spätbarocker Augenschmaus hat einen Namen: Asam. Deshalb merke: Wo auch immer im Kontext einer Kirche Vater Hans Georg oder einer seiner Söhne, Cosmas Damian und Egid Quirin, genannt wird, war ein Genie am Werk. Kenner haben recht, wenn sie sagen, dass der Genuss eines ihrer Feuerwerke einen Benzintank komplett leer zu fahren rechtfertigt. Am liebsten arbeitete die Künstlerdynastie, die unsere kollektive Vorstellung eines idealtypischen Kirchenraums des Rokoko geprägt hat, gemeinsam.

Ensdorf. In einem abgeschiedenen Winkel des Hinterlands von Amberg gelegen. Die dortige Abtei muss dem bayerischen Kurfürst Ferdinand Maria besonders am Herzen gelegen haben, als er 1669 die in der Reformationszeit aufgehobenen, im Dreißigjährigen Krieg obendrein zerstörten Klöster der Oberpfalz wiederherstellen ließ. Kein Wunder, der Konvent geht auf den Stammvater des Hauses Wittelsbach zurück. Otto V. von Scheyern gründete ihn 1121 – und mit ihm eine Grablege für sein Adelsgeschlecht – als Buße, er hatte den Papst in Beugehaft genommen. Ferdinand Maria übertrug die Leitung des Konvents 1695 an den Abt des Klosters Tegernsee, Bonaventura Oberhuber, der ihm als loyal und erfahren aufgefallen war. Dieser bat Vater Asam, der eben die Decke der dortigen Abteikirche neu gestaltet hatte, sich mit seinen Sprösslingen bald auch der im Neubau befindlichen Ensdorfer Klosterkirche anzunehmen.

Da Hans Georg 1711 verstarb, als mit der Innengestaltung begonnen werden konnte, und eine Beteiligung Egid Quirins unklar ist, werden die Deckenfresken gemeinhin Cosmas Damian Asam zugeschrieben. Fünf hochdramatische Kompositionen thematisieren die mystische Rolle des in Santiago de Compostela bestatteten Apostels Jakobus, des Namensgebers des Jakobswegs, bei der Befreiung Spaniens von den Mauren und als Schutzpatron von Ensdorf. Eine sechste huldigt Otto V. von Scheyern alias Otto I. von Wittelsbach.

Adresse Pfarr- und Klosterkirche St. Jakobus der Ältere, Hauptstraße 9, 92266 Ensdorf, www.pfarrei-ensdorf-rieden-vilshofen.de, www.kloster-ensdorf.de | Öffnungszeiten täglich tagsüber frei zugänglich, Konfession: katholisch, Gottesdienst: Mo, Mi, Fr, So 7.30 Uhr, So zudem 9.30 Uhr | Tipp Der Ensdorfer Stephansturm ist der Rest einer 1805 abgebrochenen Kirche. 1075 erbaut, zählt er zu den ältesten Bauwerken der Region.

22 Mariä Heimsuchung

Ablass mit Schlachtschüsselessen

In der Oberpfalz bieten über 140 Wallfahrtsorte den Gläubigen einen direkten Zugang zu den Ohren des Herrn und der himmlischen Heerscharen – und zudem meist auch einen Ablass. Unter diesem ist eine festgelegte Anzahl an Tagen zu verstehen, um die sich der Aufenthalt im Fegefeuer verkürzt – im Vorraum zum Himmelreich, in dem der Seele die zu Lebzeiten begangenen Sünden unter Schmerzen herausgebrannt werden. Dass Papst Pius X. 1904 allen, die singend und betend auf den 801 Meter hohen, hart an der Grenze zu Böhmen in der waldreichen Landschaft aufragenden Fahrenberg stiegen, einen vollständigen Ablass versprach, eine Bereinigung des Sündenkontos auf null, spricht Bände über den Stellenwert des ältesten Marienwallfahrtsortes im Nordosten Bayerns.

Im Jahr 1204 soll der Templerorden eine im Heiligen Land geschnitzte, hölzerne Marienstatue auf den Heiligen Berg der Oberpfalz gebracht haben. Während ihre Burg bald im Nichts der Geschichte verschwand, hält die von schweren Glaubenskämpfen gezeichnete Madonna noch immer die Stellung. 1425 überrannten die böhmisch-protestantischen Hussiten den Fahrenberg, warfen das Gnadenbild in einen Brunnen. Nicht das einzige Mal, dass ihre Heimstatt von Grund auf neu aufgemauert werden musste. 1524 machten aufständische Bauern, von einem lutheranischen Pfarrer, genannt der Antichrist zu Kaimling, angestachelt, dem heiligen Ort den Garaus. Als man 1562 zwei Mönche überfiel, die den Wallfahrtsbetrieb trotz Zwangscalvinisierung aufrechterhielten, durchschlug eine Kugel den Hals des Gnadenbilds. Das Einschussloch ist deutlich zu erkennen.

Die heutige Wallfahrtskirche ist ein Werk des Rokoko. 1956 wurde eine goldene Staue auf die Turmspitze gesetzt, die ins damals durch den Eisernen Vorhang hermetisch abgetrennte Böhmen hinübergrüßt. Neben ihr trotzt seit mindestens 1636 ein Gasthof der Einsamkeit. Legendär: die Schlachtschüsselessen.

Adresse Wallfahrtskirche Mariä Heimsuchung, Oberfahrenberg 2, 92727 Waldthurn, www.pfarrei-waldthurn.de; Berggasthof und Metzgerei Josef Weig, Oberfahrenberg 2, 92727 Waldthurn, www.berggasthof-weig.de | Öffnungszeiten Kirche täglich tagsüber, Konfession: katholisch, Gottesdienst: Mai – Nov. So 10 Uhr Rosenkranz, 10.30 Uhr Messe; Hauptwallfahrtsbetrieb 12. Juni (Dreifaltigkeitsfest), So nach dem 2. Juli (Mariä Heimsuchung), 15. Aug. (Maria Himmelfahrt) und 8. Sept.; Gasthaus Mo, Mi–So ab 10 Uhr, Termine für Schlachtschüsselessen siehe Website | Tipp Die Kirche Mariä Himmelfahrt im nahen Eslarn ist für ihren Akanthusaltar berühmt, eine für die Oberpfalz typische, dem Blattwerk des gleichnamigen Gestrüpps nachempfundene ornamentale Gestaltungsform der Barockzeit.

23 Sühnekapelle

Im Ruheraum der Hölle

Dieses Gelände zu begehen, lastet mehr als einen Zentner schwer auf dem Gemüt. Immerhin: Der Zaun ist weg, der 100.000 Menschen – geliebte Söhne, Kollegen, Freunde, Gatten, Familienväter, Onkels und Opas – zu einer Nutzmasse, zu Arbeitstieren umdefinierte. Wer heute den bedrückendsten aller Orte in der Oberpfalz besucht und so den 30.000 seine Referenz erweist, die dort ihr Leben gelassen haben, hat die Freiheit zu fliehen, wenn es ihm zu viel wird.

Schon 1946 entstand in der am stärksten mit Schuld kontaminierten Zone des KZ Flossenbürg eine der ersten Gedenkstätten für die Opfer des NS-Terrors überhaupt. Im »Tal des Todes« reihen sich das Krematorium, der Erschießungsplatz, ein Berg Asche und schließlich eine Treppe aneinander, die buchstäblich aus tiefster Trauer zu einem steinernen Symbol des Überlebens hinaufführt. Ehemalige Häftlinge legten selbst Hand an, um 1947 aus den Steinen geschleifter Wachtürme ein Gotteshaus aufzumauern, in dem Vertreter aller Glaubensrichtungen willkommen sind – und natürlich auch alle, die davon ausgehen, dass es einen Gott, der den Holocaust zugelassen hat, nicht geben kann.

Die Sühnekapelle »Jesus im Kerker«: karg, dämmerig-düster. Eine Höhle. Ein Schutzraum. Genau das, was man nach dem »Tal des Todes« braucht, um nicht an einem Kloß im Hals zu ersticken. Bunte Fenster und Wappen, die über die Haftgründe und die Herkunft der Insassen informieren. Eine Büste zu Ehren des evangelischen Theologen und Widerstandskämpfers Dietrich Bonhoeffer, der am 9. April 1945, so ein Mithäftling, durch eine besonders grausame Form des Erhängens ermordet wurde. Da er mit den Zehen gerade noch so den Boden erreichte, dauerte sein Todeskampf: sechs Stunden. Tafeln, die Einzelschicksalen einen Namen geben. Alfonso Cavedale, gestorben zweieinhalb Wochen vor der Befreiung. Henryk Róg – 24 Jahre jung. Eugeniusz Antony Zarebski. »My Grandfather – Wish we had met.«

Adresse auf dem Gelände der KZ-Gedenkstätte Flossenbürg, Gedächtnisallee 5, 92696 Flossenbürg, www.gedenkstaette-flossenbuerg.de | Öffnungszeiten Areal frei zugänglich, Ausstellungsräume und Sühnekapelle März–Nov. täglich 9–17 Uhr, Dez.–Feb. täglich 9–16 Uhr, Konfession: alle Konfessionen / Religionen, Gottesdienst: nur zu besonderen Anlässen | Tipp Nordöstlich von Flossenbürg steigt der Entenbühl auf, der zweithöchste Berg des deutschen Teils des Oberpfälzer Walds. Ein 1938 knapp unterhalb des Gipfels platzierter Bunker wurde 1998 zur Hubertuskapelle umgestaltet.

24 Mariä Himmelfahrt

Gefühlt nach oben offen

Eine wundertätige Madonnenstatue ist in Ostbayern ja nun wirklich nichts Besonderes. Auch in diesem abgelegenen, 1803 im Zuge der Säkularisation von einer Kloster- in eine Pfarrkirche umgewidmeten Schatzkästlein des Rokoko bildet ein solches Gnadenbild den spirituellen Ankerpunkt. 1623 war die Figur aufgetaucht. Wohl nicht ganz zufällig. In diesem Jahr erhielt der bayerische Herzog Maximilian I. jenes Mehr an Macht, das es ihm ermöglichte, seine noch immer evangelisch durchsetzte Oberpfalz zum wahren Glauben zurückzuführen.

Weit mehr als die Aussicht auf himmlischen Beistand zieht das wegen seiner ursprünglichen Konzeption als Andachtsstätte der Mönche nicht organisch in die Dorfstruktur eingewachsene Gotteshaus heute vorwiegend jene Pilger an, die sich dem Kunstgenuss verschrieben haben. Das Geld, das der Wallfahrtsbetrieb in die Kasse der um 1320 aus einer Einsiedelei hervorgegangenen Benediktinerabtei spülte, erlaubte es dem kunstsinnigen Abt Benedikt I. Eberschwang, den Entwurf für einen Neubau des Klosters an einen der bedeutendsten Architekten seiner Zeit zu vergeben, Cosmas Damian Asam. Vermutlich. Definitiv weiß man nur, dass 1737 der Grundstein gelegt wurde, der Abt verstarb und man die Arbeiten einstellte. Erst 1795 konnte die Kirche geweiht werden – nur acht Jahre vor dem Aus des Konvents.

Der Turm wurde vom Vorgängerbau übernommen. Die Seitenaltäre ebenso. Dass die überbordend dekorierte, ovale Halle trotz dieser Handicaps zu den eindrucksvollsten Barockkirchen zählt, liegt an der Qualität ihrer Stuckarbeiten. Und an einem fulminanten Deckengemälde, dem die Illusion gelingt, gar nicht in einem Gebäude, sondern unter freiem Himmel zu sitzen. Genauer gesagt, am Eingang zu jener Welt, die die Bibel als Reich Gottes und als Tummelplatz der Erlösten schildert. Gerne würde man seine Augen daran weiden – aber leider ist nur ein vergitterter Vorraum zugänglich.

Adresse ehemalige Klosterkirche / Wallfahrtskirche / Pfarrkirche Mariä Himmelfahrt, Frauenzell 5, 93179 Brennberg-Frauenzell | **Öffnungszeiten** bis Ende Mai 2023 wegen Renovierung geschlossen; danach vergitterter Vorraum täglich tagsüber frei zugänglich, Konfession: katholisch, Gottesdienst: unregelmäßig | **Tipp** Die 1729 zur Aufbewahrung eines Gemäldes des gegeißelten Jesus neu errichtete, bescheiden kleine, südwestlich des nahen Falkenberg im Wald versteckte Wallfahrtkirche Tannerl gehörte ursprünglich zu einem Einödhof, der 1905 abbrannte.

25 Maria Hilf

Barock, der schwindelig macht

Ein hübscher Spazierweg führt aus der mit der Übersichtlichkeit eines Dorfes gesegneten Grenzbastion der Oberpfälzer Lebensart in Richtung Franken. So weit aber will ihn natürlich niemand gehen! Er gehört bereits zum weitläufigen Areal einer Wallfahrtskirche, deren Magie Freystadt 150 Jahre lang zu Wohlstand verhalf. Wenn sich der 1700 bis 1710 in die flachen Auen der Schwarzach gesetzte Bau vor die Augen schiebt, melden diese dem Oberstübchen: Alarm! Ein rundes Gotteshaus! Abnormalität! Bitte Orientierung herstellen. Bitte das Gedächtnis-Bildarchiv nach Vergleichbarem absuchen! Archivaufnahmen der 25 Jahre später begonnenen Dresdner Frauenkirche leuchten auf. Ihr Architekt machte sich das Meisterstück des 1645 in Norditalien geborenen Giovanni Antonio Viscardi zum Vorbild: ein schlankes Oktogon mit einer von einer Laterne bekrönten Kuppel.

Wohl vor allem aus purer Not, vielleicht auch aus Langeweile nagelten in den Schwarzachauen 1632 zwei Hirtenbuben eine symbolische Kirche zusammen, stellten einen Krug für Spenden auf. 1654 investierte der Bürgermeister an derselben Stelle in eine Kapelle mit Marienstatue. Sein Plan, ein finanziell erstaunlich erfolgreiches Schelmenstück zu einer echten Wallfahrt aufzustocken, ging auf. Bis das Wallfahrtverbot Freystadt 1803 in die Armut zurückwarf, lebten 230 Familien davon, an Spitzentagen 6.000 Pilger mit Speis und Trank zu versorgen. Der halbe Ort.

Durch die Säkularisation war Maria Hilf zudem drei Jahrzehnte dem Verfall überlassen. Das erklärt, weshalb im überbordend dekorierten Inneren ein paar entscheidende Details nicht stimmen. Immerhin 32 von ursprünglich 42 Fresken, die Vater Hans Georg Asam mit seinen berühmten Söhnen auf feuchten Putz aufgetragen hat, blieben erhalten. Der Hochaltar: nicht mehr rettbar. Dennoch: der feierlichste aller Oberpfälzer Festsäle. Schwindelig kann einem werden bei so viel Pracht.

Adresse Wallfahrtskirche und Kloster Maria Hilf, Allersberger Straße 33, 92342 Freystadt, www.kirche-freystadt.de | Öffnungszeiten täglich 8–18 Uhr, Konfession: katholisch, Gottesdienst: Do 9 Uhr, So 10 und 18.30 Uhr | Tipp Einen Steinwurf weiter nördlich, auf dem schon von den Kelten bewohnten, verwunschenen Möningerberg, finden sich ein Kreuzweg und eine den 14 Nothelfern geweihte Kapelle.

26 Leonhardi-Kapelle

Tradition hat immer Saison

Furth im Wald, der letzte Gruß der Oberpfalz vor dem Böhmischen, hat es schon immer verstanden, Fremde durch ein ausgefuchstes Unterhaltungsprogramm zu überzeugen, noch ein, zwei Übernachtungen dranzuhängen. Einerseits, weil seine Lage an der uralten Fernstraße Regensburg–Pilsen–Prag seit Jahrhunderten eine starke Nachfrage nach Quartier und Bewirtung bedeutete. Aber auch wegen eines Mangels, was andere Einnahmequellen betrifft.

Weit über Deutschland hinaus bekannt ist die Stadt für ein Spektakel, das sich während der Gegenreformation als peppige Dreingabe in den Fronleichnamsumzug einschlich, den Drachenstich. 1878 auf Anweisung des Regensburger Bischofs von seinen christlichen Wurzeln abgeschnitten, entwickelte sich der Kampf des heiligen Georg gegen das Böse zu einem perfekt durchgestylten Mittelalter-Fantasy-Spektakel weiter. Sehr zur Freude des lokalen Tourismus-Marketings speit der ins Guinnessbuch der Rekorde eingegangene, mechanische Hauptdarsteller längst den ganzen August über Feuer.

Damit nicht genug, hat sich die Stadt ein weiteres Spektakel zugelegt, das erneut nur dem Anschein nach an eine uralte christliche Tradition anschließen will. 1742 grassierte in Furth eine Viehseuche. Eine Kapelle, die man dem heiligen Leonhard weihte, dem Schutzpatron der Pferde, sollte verhindern, dass Gott sie ein weiteres Mal schickt. Das barocke Kleinod musste 1930 einer neuen Hauptzufahrtsstraße weichen und wurde durch eine vereinfachte Kopie ersetzt. Ins Grün jener Furt platziert, die der Stadt ihren Namen gab, entstand ein lauschiges Picknickplätzchen. Auch wenn oft anderes behauptet wird: Erst seit der Wiederweihe 1931 kommen einmal im Jahr gut 250 Reiter zusammen, um den Nachbau auf ihren Rössern zu umrunden. Nicht, wie es sich für eine Leonhardiwallfahrt gehört, am Patronatstag, am 6. November, sondern am Ostermontag – punktgenau am Auftakt der Ausflugssaison.

Adresse Leonhardikapelle, Eschlkamer Straße 3, 93437 Furth im Wald | Öffnungszeiten täglich tagsüber ist mindestens der vergitterte Vorraum zugänglich, Konfession: katholisch, Gottesdienst: Ostermontag Leonhardiritt (vormittags) | Tipp Im nahen Eschlkam fasziniert der komplexe Unterbau der Pfarrkirche St. Jakobus der Ältere – eine Burganlage, der nach der Zerstörung im Dreißigjährigen Krieg ein neuen Gotteshaus aufgesetzt wurde.

27 Zum gegeißelten Heiland

Die Mauern tschechisch, der Kirchgarten bayerisch

Auch wenn auf der anderen Seite der Oberpfälzer Berge schon immer Ausland war, voneinander getrennt waren Bayern und Böhmen nur 1945 bis 1989. In dieser Zeit allerdings konsequent. Wo sich an der Straße von Waldsassen nach Cheb/Eger die Kontrahenten des Kalten Kriegs gegenüberstanden, hatte vormals lediglich der Zoll das Miteinander ein wenig ausgebremst.

1748, zehn Jahre, nachdem sich die Nachricht einer Jesus-Statue herumgesprochen hatte, die im oberbayerischen Steingaden Tränen vergaß, hängte eine gewisse Barbara Stölzer dort einen gegeißelten Heiland an einen Baum. Nicht schlimm, dass das Plagiat der Wieskirche trocken blieb. Denn als die Stadt Cheb/Eger 1750 wegen ihm ein Kirchlein mit Pfarrhaus bauen und zu dessen Versorgung einen Brunnen graben ließ, erwies sich dessen Nass als wundertätig.

Lost Places sind die Gralsburgen unserer Tage. Mit ihrem Versprechen, einem Club der Auserwählten beizutreten, ziehen sie auch dann magisch an, wenn es gar keine Reste zu erkunden gibt. Um sich auf die Suche nach der Wies zu machen, wie das Wallfahrtskirchlein im Volksmund hieß, biegt man am besten rechts auf den Parkplatz vor dem Travel-Free-Shop ab und nimmt einen der ersten Plätze. Exakt hier freuten sich einst auch die Gläubigen: Ziel erreicht!

Da sich einige Votivtafeln erhalten haben (heute im Städtischen Museum von Františkovy Lázně/Franzensbad), dürfte die Schreckenssaga ihres Endes übertrieben sein: Als die Tschechen das Gotteshaus 1951 anzündeten, heißt es, gelang es bayerischen Grenzern, ohne die CSSR zu betreten, mit Stangen einen Heiland aus dem Feuer zu ziehen. Er hängt heute in der Stiftsbasilika Waldsassen. In einer zweiten, weniger heroisch aufgeladenen Version banden die Tschechen den verkohlten Christus an den Schlagbaum. 1952 wurde die Wies abgetragen. Restlos. Einzig ein in der Einmündung auf den Parkplatz errichtetes Kreuz erinnert an sie.

Adresse Travel-Free-Shop am Grenzübergang 95652 Hundsbach/Waldsassen (Svatý Kříž 261, Háje, 350 02 Cheb, Tschechien); von dort in Richtung bayerischer Grenze zurücklaufen | Öffnungszeiten jederzeit zugänglich, Konfession: Denkmal/Lost Place, Gottesdienst: nie | Tipp Als Ersatz für das abgetragene Wallfahrtskirchlein Wies bauten sich die Bewohner des nahen Dörfchens Hatzenreuth 1963 die Bruder-Klaus-Kapelle.

28 St. Ägid

Poesie des Volksglaubens

Gunzendorf. 1145 erstmals urkundlich erwähnt, wohl aber schon im 6. Jahrhundert gegründet, als das heutige oberpfälzisch-oberfränkische Grenzland die Bühne der Geschichte betrat – und dennoch immer noch so klein, dass kaum jemand die Existenz des 130 Seelen zählenden Dörfchen wahrnimmt. Fünf Kilometer nördlich von Auerbach gelegen, kann sich der Ort Attribute wie weltfern, provinziell und verschlafen gerne gefallen lassen. Auch, weil man dort eine Kirche sein Eigen nennt, die so ziemlich alles in den Schatten stellt, was die Spötter daheim in Sachen Schönheit, Sinnlichkeit und Aura aufbieten können.

Wie der Ort geht auch St. Ägidius auf eine Burg zurück. Während der Sitz eines überregional nicht weiter in Erscheinung getretenen Adelsgeschlechts bald verschwinden sollte, bezeugen die romanischen Mauern des Langhauses, dass die Burgkapelle im 12. Jahrhundert zu einer Dorfkirche erweitert wurde. Einer Erneuerung in der Gotik folgte die nicht ganz unfreiwillige Barockisierung, wobei die mittelalterliche Ausmalung des Chorraums erhalten blieb. Als eine von nur wenigen Gemeinden weigerten sich die Gunzendorfer 1628, nach 100 Jahren lutheranisch-calvinistischer Verirrtheit, auf Befehl ihres neuen Landesherrn, des bayerischen Herzogs Maximilian I., zum wahren Glauben zurückzukehren. Als am 15. Januar 1629 Soldaten aufmarschierten, wollten sie dann lieber doch konvertieren.

Als ein »stimmungsvoller Raum, der außer der gotischen Malerei auch mehrere naive, treuherzige Holzfiguren, darunter prächtige Kunstwerke des Mittelalters, in sich birgt«, beschrieb der Lehrer Joseph Köstler (1849–1925) in seiner 27-bändigen Ortschronik von Auerbach die kuriose Augenweide. »Von diesen Bildwerken mittelalterlicher Kunst strömt eine eigentümliche Poesie, ein heimlicher Zauber aus, der nicht nur den Kunstkenner, sondern auch den einfachen Bauersmann gefangen nimmt.«

Adresse Pfarrkirche St. Ägidius, Gunzendorf 17, 91275 Auerbach, www.pfarrei-auerbach.de | Öffnungszeiten täglich tagsüber frei zugänglich, Konfession: katholisch, Gottesdienst: siehe Website | Tipp Etwa 700 Meter westlich von Gunzendorf erhebt sich der Berg Breiter Anger. Um die erhöht gelegene Dorfkirche vor Blitzschlag zu schützen, stellte man dort 1793 ein Kruzifix auf, an dessen Spitze man ein Blech geschlagen hatte.

29 Maria Heil der Kranken

Alle Augen gen Himmel

Jeder, der sich zum ersten Mal auf den zwischen Neumarkt und Amberg einsam in die Landschaft gestellten, 621 Meter hohen Habsberg macht, wird sich wie selbstverständlich zunächst dem markantesten Bau des Gipfelensembles zuwenden, das die große stark bebaute Kuppe beherrscht. Auch, weil er dort die wundertätige Statue einer Muttergottes vermutet, die einen Amtsmann namens Johannes Panzer 1680 von der Gicht befreite und sich im Lauf der folgenden 350 Jahre zu zahllosen weiteren Heilungen bewegen ließ. Wie in der Oberpfalz nicht selten, eine falsche Entscheidung. Die Figur, der auf dem Höhepunkt des Wallfahrtswesens Mitte des 18. Jahrhunderts jährlich 20.000 Menschen ihr Leid anvertrauten, befindet sich in einer separaten, niedrigen Kapelle, die Panzer 1682 auf den Grundmauern einer Burg erbaute. Obwohl man ihr in den 1760er Jahren eine große Kirche zur Seite stellte, hielt man an ihr als Ort der persönlichen Anbetung fest.

Die Wallfahrer des 18. Jahrhunderts verstanden ihren Glauben als eine Gebrauchsanleitung, wie sich das Leben leichter ertragen ließ, das damals weit mehr von Krankheit, Hunger, Zwang und Gewalt geprägt war. »Hebt Eure Augen in die Höhe«, empfahl ihnen das Buch Jesaja.

Ein Tipp, den man sich auch heute in der großen Kirche unbedingt zu Herzen nehmen sollte. Johann Michael Wild, ein Malergenie aus Amberg, steuerte 1764 ein Deckenfresko bei, das die Barriere zum Himmelreich, das Dach, spielend überwindet, ja auflöst. Stellt man sich direkt unter die ins Zentrum der Illusionsmalerei gesetzte Gottesmutter, der die vier damals bekannten Erdteile huldigen, richtet sich die um Maria gezogene, antike Tempellandschaft scheinbar auf, entsteht eine dreidimensionale Ansicht des Paradieses. Wer genau hinsieht, findet auch den Habsberg. Maria Heil der Kranken – ein furioses, mit Überschwang ausdekoriertes Bravourstück des Rokoko.

Adresse Wallfahrtskirche und Kapelle Maria Heil der Kranken, Habsberg 4, 92355 Velburg, www.wallfahrt-habsberg.de | Öffnungszeiten täglich tagsüber frei zugänglich, Konfession: katholisch, Gottesdienst: täglich zu wechselnden Zeiten, siehe Website | Tipp Die 1280 erstmals erwähnte Kirche St. Wolfgang aus dem gleichnamigen Velburger Ortsteil geht auf eine Wallfahrt zurück, die dem namensgebenden heiligen Bischof von Regensburg galt und die mit der Reformation zum Erliegen kam.

30 Wallfahrtskirche

Außen Wasser, innen Bier

13 seiner Wallfahrtskirchen, wird das Bistum Regensburg zu informieren nicht müde, stehen auf oder neben einer Quelle, deren Wasser auf wundersame Weise gegen Krankheiten hilft – meist Augenleiden. Man darf spekulieren, unter wie vielen ein heidnischer Kultplatz begraben liegt. Das gilt auch für den auf die steile Böschung des Flusses Regen gesetzten Barockbau mit dem sprechenden Namen Heilbrünnl. Archäologische Funde legen nahe, dass sich auf der Erhebung einst fahrende Händler trafen, dieser Marktplatz aber mit der Christianisierung ins nur einen gemütlichen Sonntagsspaziergang entfernte Roding verlegt wurde.

Der Legende nach geht der idyllische, für die Oberpfalz geradezu idealtypische Pilgermagnet, der durch ein enges, ja intimes Miteinander von Gottes- und Wirtshaus geprägt ist, auf die Marienerscheinung eines Schäfers zurück. Ihr Antlitz habe sich in einer Quelle gespiegelt. 1730 ersetzt man eine 1668 errichtete Kapelle durch die heutige, geräumige Kirche. Zwei Emporen stellen sicher, dass sie auch zu Stoßzeiten alle Gläubigen fassen kann, eine in den Hauptaltar eingearbeitete Kopie des Marien-Gnadenbilds der Alten Kapelle in Regensburg garantiert, dass die Heilwirkung auch wirklich eintritt. Mitten in der Kirche sprudelt sie. Die Quelle. In einem Becken aus rotem Marmor. In das man erst beim Verlassen des Gotteshauses – nach dem Beten! – die Finger eintaucht, um sich den Kopf zu benetzen. Nur dann funktioniert's.

Vielleicht liegt es aber auch am guten Bier, dass man an diesem fulminanten Erholungsort schon nach ein paar Stunden die Welt mit anderen Augen sieht. Der Biergarten. Der Ausblick. Vorsicht: Ziegen und andere handzahme Tiere betteln die Kleinen herzerweichend an, den Futterautomaten doch gleich noch einmal zu betätigen. Weil sie ihre Kinder beschäftigt wissen, sind Eltern der Gefahr hilflos ausgeliefert, den Rest des Tages zu verhocken.

Adresse Wallfahrtskirche und Wirtshaus Heilbrünnl, Heilbrünnl 2, 93426 Roding-Heilbrünnl; Wirtshaus: www.heilbruennl.de | **Öffnungszeiten** Kirche täglich tagsüber frei zugänglich, Konfession: katholisch, Gottesdienst: an den Hauptwallfahrtstagen Mariä Heimsuchung (2. Juli), Mariä Himmelfahrt (15. Aug.), Mariä Geburt (8. Sept.) und am Patronatstag von Maria Magdalena (22. Juli); Wirtshaus mit Biergarten Fr, Sa, So ab 10 Uhr | **Tipp** Bei Untertraubenbach, einem Dorf auf halbem Weg von Roding nach Cham, liegt in einer Senke die Streicherröhrenkapelle, eine mit Votivgaben übersäte Wallfahrtsstätte (Fußweg ab Untertraubenbach ausgeschildert).

31 St. Nikolaus

Geblieben, um zu erinnern

Das katholische Geschichtsverständnis kennt neben Martin Luther, dem Teufel schlechthin, einen weiteren Beelzebub. Denselben Mann feiern sie drüben als Nationalheld – nur 200 Meter östlich eines verwunschenen Kirchleins, das bislang nur bei wenigen die Frage aufgeworfen hat, wie es denn hierherkommt, denn sein Standort, der Grenzkamm nördlich des Marktflecks Mähring, ist so abgelegen, dass es so gut wie niemanden dorthin verschlägt. Jan Hus, Böhmens großer Reformator, setzte mit seinen Thesen, zugleich aber auch der Papst mit seiner Hinrichtung 1415, einen Glaubenskrieg in Gang, der auch die Oberpfalz an den Rand des Kollapses brachte. 1420 rief Martin V., der ihn auf dem Scheiterhaufen hatte verbrennen lassen, zu einem Kreuzzug auf. Denn Jan Hus' Anhänger brandschatzten seit 1419 in Prag, dann in ganz Böhmen und mittlerweile auch weit darüber hinaus alles, was ihnen katholisch vorkam. 1431 machten die zornigen Bauerntölpel nicht weit von hier, in Tachov, allerdings auch dem Ritterheer den Garaus.

Hinter Bäumen träumt das Kirchlein an einem Parkplatz vor sich hin – an der Straße, die von Mähring parallel zur Grenze nach Bad Neualbenreuth führt. Wir sind auf 700 Meter Höhe, die Einheimischen ab November darauf vorbereitet, bei Schneefall vorübergehend von der Außenwelt abgeschnitten zu sein. Bis 1440 war St. Nikolaus der Mittelpunkt eines Dorfes, dessen Name sich im Lauf von 400 Jahren von Hohenstein zu Höglstein verschliffen hatte.

Einerseits stimmt, dass die als Gnadenort verehrte, leider nur zweimal im Jahr über einen Vorraum hinaus geöffnete Kirche der letzte Rest eines Dorfes ist, das erst die Hussiten und dann die von ihnen eingeschleppte Pest von der Landkarte löschte. Das originale Bauwerk, in dem am 6. Dezember der Nikolaus die Kinder von Mähring beschenkt und auf dessen Lichtung am 15. August gefeiert wird, brannte allerdings 1894 durch Blitzschlag ab.

Adresse an der Staatsstraße 2175 von Mähring Richtung Bad Neualbenreuth/Waldsassen, nach knapp zweieinhalb Kilometern rechts auf den einzigen Parkplatz weit und breit abbiegen | Öffnungszeiten Vorbau täglich tagsüber, Kirche am 15. Aug. und 6. Dez., Konfession: katholisch, Gottesdienst: mit Festbetrieb 15. Aug.; mit Nikolaus-Bescherung 6. Dez. | Tipp Die vom Volksmund Kleine Kappl genannte Wallfahrtskirche Sankt Sebastian im Bad Neualbenreuther Ortsteil Ottengrün lohnt auch wegen des direkt benachbarten Gasthauses.

32 Simultankirche St. Vitus

Zwei in eins gegeben

Stellen Sie sich bitte vor, Sie befinden sich gerade irgendwo in Franken. Oder in einem der vielen anderen, für ihre Selbstverliebtheit bekannten bayerischen Lande. Was passiert, wenn Sie dort das Stichwort Oberpfalz in die Runde werfen? Wetten, dass Sie den Leuten ansehen können, wie sich vor ihr inneres Auge das Bild eines Dorfes schiebt, in dem alle katholisch sind?

Dabei ist doch das 50 Kilometer östlich von Nürnberg gelegene Dorfidyll Illschwang mit seiner bildhübschen Pfarrkirche der beste Beweis, dass es die Leute eigentlich besser wissen müssten. Dort reisen ständig Hochzeitsgesellschaften an. Speziell konfessionell gemischte Brautpaare wissen St. Vitus zu schätzen.

Rückblende. Dreißigjähriger Krieg. Der Vertrag, der ihn 1648 beendete, legte zugleich fest, welche der verfeindeten Konfessionen man fortan angehörte – der des 1. Januar 1624. An diesem hatte Illschwang zur evangelischen Pfalz-Sulzbach gehört. Deshalb ist Mariä Himmelfahrt dort (und in acht weiteren Gemeinden der Oberpfalz) bis heute kein Feiertag. 1652 wechselte der Landesherr zum alten Glauben und führte das Simultaneum ein, die Gleichberechtigung der Konfessionen. Von nun an standen ein katholischer und ein evangelischer Pfarrer vor der Herausforderung, die auf den höchsten Punkt des Orts platzierte Kirche miteinander zu teilen. Ersterer nutzte das Erdgeschoss des Kirchturms als Sakristei, Letzterer einen Anbau. Er stammt von 1702, als Wolfgang Dientzenhofer den durch einen Brand verwüsteten Vorgängerbau ersetzte.

Im Inneren wird der Kompromiss offensichtlich. Ein Gemälde mit dem in einen Kessel siedenden Öls geworfenen Kirchenpatron musste vom Haupt- auf einen Seitenaltar weichen. Das Taufbecken hat man evangelisch, die Kanzel katholisch platziert. Die Fresken stammen aus dem 20. Jahrhundert – es hat halt seine Zeit gebraucht, bis man sich bei den Motiven einig wurde.

Adresse St. Vitus, Hauptstraße 4, 92278 Illschwang, www.pfarrverband-iku.de | Öffnungszeiten tagsüber frei zugänglich, Konfession: evangelisch und katholisch, Gottesdienst: evangelisch So 8.15 Uhr, katholisch So 10.30 Uhr | Tipp Hinter Illschwang steigt der Hainsberg auf, ein mit Höhlen durchsetztes Wanderparadies. Wie an der Orgelempore von St. Vitus auf einem Gemälde zu sehen ist, begegnete der heilige Willibald dort Satan – bei einer Felsformation, die Teufelskanzel genannt wird.

33 Dreifaltigkeitskirche

Oh du Verbrecherpropagandadecke

Wann auch immer sich das Oberpfälzer Tourismusmarketing über einen Stoß Fotos beugt, um über ein neues Leitmotiv zu entscheiden, wird eine 1685 bis 1689 nach Plänen eines Architekturgenies des Barock, Georg Dientzenhofer, ganz oben im Norden auf einen Aussichtsberg gesetzte Augenweide die Auswahlrunde für sich entscheiden. Das ist ein ungeschriebenes Gesetz.

Tatsächlich gibt es kaum ein Bauwerk, das, obwohl es deutlich aus der Norm herausfällt, ja sogar eine gewisse Weltläufigkeit erahnen lässt, die ländliche Oberpfalz treffender zu symbolisieren vermag. Schon bei der Anfahrt lassen sich die Grundzutaten jeder regionalen Wallfahrtsstätte leicht erraten. Diese wären: 1) ein religiöses Kunstwerk, 2) ein Berg, auf dem sich dieses Werk als wundertätig erwiesen hat, 3) nach dem Aus in der Reformationszeit ein neues Wunder, mit dem die Wallfahrt wiederaufersteht; in diesem Fall die Heilung eines gelähmten Wollkrämers aus Waldsassen 1644, 4) ein Wirtshaus als Argument für die nicht ganz so Frommen, sich dem Zug der Pilger anzuschließen.

Ohne Beispiel hingegen ist die gleichsam geniale wie simple Idee, die Georg Dientzenhofer dem 1685 begonnenen Neubau zugrunde gelegt hat. Auf der Suche nach einem Grundriss, der die Dreieinigkeit von Vater, Sohn und Heiligem Geist verkörpert, schob er drei Kreise ineinander. Das Ergebnis ist ein runder Raum mit drei Ausbuchtungen, der von einem Gang umlaufen und von drei Türmen gekrönt wird.

Wer nicht weiß, dass ein Gutteil des originalen Dekors bei einem Brand verloren ging, wird sich fragen, wie es sein kann, dass in einem der Deckengemälde Soldaten der deutschen Wehrmacht als Beschützer der Armen dargestellt werden. Nicht schön: dass 1931 bis 1940 mit Oskar Martin Amorbach ein von Adolf Hitler persönlich protegierter Künstler die Kuppel komplett neu ausmalen durfte. Noch unschöner: dass über dieses No-Go mit keinem Wort gesprochen wird.

Adresse Wallfahrtskirche der Heiligen Dreifaltigkeit, Kappl 2 und Kapplwirt, Kappl 1, 95652 Waldsassen, www.kapplkirche.de, www.kapplwirt.de | Öffnungszeiten Kirche täglich 9–18 Uhr, Konfession: katholisch, Gottesdienst: Ostern–1. Nov. So 9.30 Uhr; Wallfahrtsbetrieb 1. So nach Pfingsten (mit Festbetrieb), Christi Himmelfahrt und Mariä Himmelfahrt (15. Aug.), Wirtshaus nach Jahreszeit, siehe Website | Tipp Ebenfalls typisch für die Oberpfalz: Das Rokoko-Interieur der ursprünglich gotischen Pfarrkirche des nahen Münchenreuth.

34_St. Margaretha

Leider kein Taufgeschenk

In der Eifel, in Kriftel, steht einer. Im thüringischen Bornhagen ein weiterer. Das Dörfchen Ohmes hat einen, in Hessen zudem die nicht minder winzigen Dörfchen Meiches und Holzhausen, in Nordrhein-Westfalen Herstelle und zu guter Letzt in der Oberpfalz das heute immerhin 1.400 Seelen zählende Kastl. Die Rede ist von Bonifatiussteinen, behauenen Felsbrocken, die frappierend an die Menhire erinnern, die die Kelten vor 7.000 Jahren im französischen Carnac zu Hunderten aneinanderreihten. In Kastl bei Kemnath, das nur allzu leicht mit dem gleichnamigen Marktfleck südwestlich von Amberg verwechselt werden kann, ist auf jenem Exemplar, das dort im Kirchhof den Eingang zur Sakristei bewacht, nur noch schwach das Relief eines Kreuzes zu erkennen.

Wie die Legenden wissen, die man sich in den genannten Orten bis heute erzählt, kann ein Bonifatiusstein auf zwei Ereignisse zurückzuführen sein. Entweder, der Missionar der Deutschen, der 742 die Bistümer Würzburg, Eichstätt und Erfurt gründete, hat ihn, nachdem sich der Ort geschlossen taufen ließ, persönlich gesetzt. Wenn der Stein aber an jener Route steht, über die man 754 Bonifatius' Leiche von Mainz nach Fulda überführte, ist er ein Werk seiner Anhänger. Leider kommt für Kastl keine der beiden Versionen in Frage. Dort besteht der Reiz darin, zu glauben, mit dem Gründungsvater der christlichen Kultur einst persönlich in Kontakt gekommen zu sein.

Dank der Art, in der das Relief ausgeführt wurde, interpretieren Archäologen das Kastler Exemplar als Grabstein aus dem 11. oder 12. Jahrhundert. Die mythische Kraft, die das Kirchen- und Friedhofsareal ausstrahlt, vermag das nicht zu schmälern. Man hat St. Margaretha auf den höchsten Punkt des alten Dorfes gesetzt. So nahe bei Gott wie nur möglich. Die hinter Wehrmauern versteckte, in der Gotik neu gebaute, seither unveränderte Dorfkirche ist ein Schmuckstück sondergleichen.

Adresse St. Margaretha, Bergstraße 5, 95506 Kastl, www.pfarrei-kastl-st-margaretha.de | Öffnungszeiten täglich tagsüber frei zugänglich, Konfession: katholisch, Gottesdienst: So 10 Uhr, weitere siehe Website | Tipp Wenige Kilometer nordöstlich von Kastl sticht der sagenumwobene Armesberg aus der Landschaft hervor, dessen Gipfel eine architektonisch außergewöhnliche Wallfahrtskirche trägt: einen Rundbau.

35 Klosterkirche St. Peter

Paradies mit Kindermumie

1937. Das Versprechen eines Autobahnanschlusses: nicht eingehalten. Wie schon 150 Jahre zuvor das an das Schienennetz. Genau besehen macht der Fortschritt sogar schon seit 1556 einen großen Bogen um das tief im Hinterland von Amberg versteckte Kastl. In diesem Jahr wurde das über dem Marktfleck thronende, seit einer Feuersbrunst weitgehend dem Verfall preisgegebene Kloster aufgelöst. Heute kaum mehr vorstellbar: 1098 aus einer Burg heraus entstanden, hatte die Abtei fast 500 Jahre lang dem Adel, dem Klerus und dem deutschen König als Treffpunkt gedient, wurde dort die Geschichte der Oberpfalz geschrieben.

Vom großen Feuer verschont geblieben war die Klosterkirche, ein umwerfend schöner Koloss aus Stein, der so ziemlich alle Zeugnisse der Romanik in den Schatten stellt. Ende des 12. Jahrhunderts vollendet, verstand sich die Raumkomposition als architektonische Übersetzung der strengen benediktinischen Disziplin. Auf denselben Eckpfeilern arbeitete man um 1393 die Kastler Reform aus, ein Regularium, das dem deutschlandweit überhandnehmenden Lotterleben der Mönche ein Ende setzte. Das Hauptschiff: doppelt so breit wie ein Seitenschiff. Der Gesamtraum: dreimal so lang wie breit und viermal so lang wie hoch. Ideale Proportionen. Ursprünglich. Die äußersten Schiffe, die Verlängerung des Chors und das anstelle einer flachen Holzdecke eingezogene Gewölbe sind gotisch.

Auffälligstes Dekor sind 70 Wappen, mit denen Stifter und der lokale Adel ihr Recht bekundeten, in der Kirche beigesetzt zu werden. 1964 führte man alle Grabmäler im Paradies, einer Vorhalle, zusammen. Dort ruht auch die berühmteste Tote von Kastl, Prinzessin Anna. Es heißt, dass der deutsche König Ludwig der Bayer die Mönche bat, seine dort am 29. Januar 1319 verstorbene, gerade einmal ein Jahr alte Tochter zu mumifizieren. Seit 1715 wird ihr kleiner Körper in einem Schrein zur Schau gestellt.

Adresse Pfarrkiche/ehemalige Klosterkirche St. Peter, Klosterburg 3, 92280 Kastl, www.pfarrei-kastl.de | Öffnungszeiten täglich tagsüber frei zugänglich, Konfession: katholisch, Gottesdienst: siehe Website | Tipp Auf der von der Klosterburg aus gesehen gegenüberliegenden Seite des Lauterachtals steigt von Kastl aus ein langer, steiler Kreuzweg mit Ölberg- und Heilig-Grab-Kapelle auf.

36 Mater Dolorosa

Maria kennt viele Feste

Neben dem noch heute arbeitsfreien Mariä Himmelfahrt kannte das 18. Jahrhundert eine ganze Litanei an Feiertagen, die der Mutter Jesu gewidmet waren und sich auf biblische Geschehnisse beziehen. Am 2. Februar stand Mariä Lichtmess an, am 25. März Mariä Verkündigung und am 2. Juli Mariä Heimsuchung. Was genau das Hochfest der Gottesmutter (1. Januar) von Mutter der Kirche (Montag nach Pfingsten) und den folgenden Ehrentagen unterscheidet, dazu befragen Sie bitte Ihren Pfarrer: Unbeflecktes Herz Mariä, Maria Lätitia, Unserer Lieben Frau auf dem Berge Karmel, Unsere Liebe Frau vom Schnee, Maria Königin, Mariä Geburt, Mariä Namen, Unsere Liebe Frau vom Rosenkranz, Mariä Opferung und am 8. Dezember Mariä Empfängnis.

Bleibt ein Gedenktag, der unter zwei Namen bekannt ist – Gedächtnis der Schmerzen Mariens und Mater dolorosa – und der vom 14. Jahrhundert an pünktlich am 15. September dafür sorgte, dass das in seinen besten Zeiten knapp über 100 Seelen zählende Katzdorf in einem Meer aus Menschen versank.

Wundertätige Skulpturen kennt die Oberpfalz viele. Das barocke Kirchlein, das sich ein unbekannter Architekt 1725 als Heimstätte für das Katzdorfer Exemplar einfallen ließ, ist einzigartig. Auf eine steile Erhebung hat er einen Rundbau gesetzt, an den sich im Osten ein Chorraum und im Westen ein schmaler Vorraum anschließen. Entgegen aller Konventionen betritt man das Schatzkästlein allerdings nicht durch letzten. Das Eingangsportal leitet die Gläubigen direkt in den zentralen Raum. Gerade so, als ob ihr geheimstes Anliegen, das sie der Muttergottes anvertrauen wollen, keinen weiteren Aufschub duldet. Leere Stuckrahmen lassen vermuten, das für eine Ausmalung kein Geld mehr übrig war. Kein Wunder, schwoll doch die Konkurrenz an Wallfahrtsstätten schlagartig an. Viel weiß man nicht über diese Augenweide, die darauf wartet, endlich entdeckt und erforscht zu werden.

Adresse Wallfahrtskirche Mater Dolorosa, Katzdorf 23, 92431 Neunburg vorm Wald | Öffnungszeiten täglich tagsüber frei zugänglich, Konfession: katholisch, Gottesdienst: siehe Pfarrbrief auf www.pfarrei-neunburg.de | Tipp Die Wallfahrtskirche Unserer Lieben Frau im nach Waldmünchen eingemeindeten Ast stammt in ihrer Substanz aus dem 13. Jahrhundert.

37 St. Laurentius

Nicht abschließend zu beantworten

Können 5.000 Augenpaare irren? So viele, heißt es, waren live dabei, wenn sich von 1926 bis 1962 pünktlich am Karfreitag die Wundmale Christi so stark öffneten, dass frisches Blut aus ihnen rann. Allerdings nicht an seinem eigenen Körper, sondern dem einer Magd aus Konnersreuth, einem Marktfleck ganz oben im Nordosten der Oberpfalz. »Hab von Stigmen nix g'wußt und g'hofft, es werd' vorübergehn«, so Therese Neumann. 780 Mal sollen sich an ihren Händen und Füßen (Kreuzigungsnägel), über dem Herz (Lanzenstich) und auf der Schulter (Tragen des Kreuzes) bis zu dreieinhalb Zentimeter lange Wunden gebildet haben. Am Todestag des Heilands dazu unzählige weitere auf dem Rücken (Geißelung) und neun auf dem Kopf (Dornenkrone). An diesem Tag hat sie obendrein vor den Pilgern, die das Wunder miterleben wollten, Blut geweint.

Auch wenn sich der Vatikan die Frage, ob Therese von Konnersreuth seligzusprechen ist, nach wie nicht abschließend zu beantworten in der Lage sieht, hat man im Ort längst Tatsachen geschaffen. Vor ihrem Haus: ein Denkmal. Ihr Grab: übersät mit Votivgaben. Ihr Garten, in dem sie Blumen für die Dorfkirche zog, steht für Besucher offen. In dem hübschen barocken, dem heiligen Laurentius geweihten Landgotteshaus: ein Therese-Neumann-Schriftenstand, Therese-Neumann-Kerzen – und ein Seitenaltar, der 1928 zu Ehren Therese von Lisieux' umgestaltet wurde. Seit sich 1919 Therese Neumann bei der Bekämpfung eines Brandes über alle Maßen verausgabt hatte, war sie blind, teilweise gelähmt und pflegebedürftig. Seit dem 29. April 1923, an dem der Papst die französische Ordensschwester seligsprach, konnte sie wieder sehen. Am 17. Mai 1925, dem Tag der Heiligsprechung, verschwanden ihre übrigen Gebrechen.

Dutzende Wissenschaftler haben sich am Phänomen Therese Neumann abgearbeitet. Klar ist nur eines: Eine noch beliebtere Volksheilige hat es in der Oberpfalz nie gegeben.

Adresse Pfarrkirche St. Laurentius, Kirchplatz 4, 95692 Konnersreuth, www.pfarrei-konnersreuth.de; Reslhaus, Therese-Neumann-Platz 12, 95692 Konnersreuth; Resl-Garten, Waldsassener Straße 4, 95692 Konnersreuth, www.reslgarten.de | Öffnungszeiten Kirche täglich tagsüber frei zugänglich, Konfession: katholisch, Gottesdienst: siehe Pfarrbrief auf Pfarrei-Website; Gebetstage um Seligsprechung siehe www.konnersreutherring.de, Resl-Garten Mai–Okt. täglich 10–18 Uhr | Tipp Auch auf Therese Neumanns Initiative hin wurde das nahe, 1362 gegründete, 1870 abgebrannte Kloster Fockenfeld in den 1950er Jahren als Internat und Erwachsenenschule neu aufgebaut.

38_Zur Heiligen Walburga

Jetzt erst recht!

Die Idee des Kurfürsten und späteren Königs Max I. Joseph, sein Bayern durch einen radikalen Schnitt aus dem Korsett der mittelalterlichen Ordnungsstrukturen zu befreien, mag ja richtig gewesen sein. Aber nicht die Umsetzung. Wie und wo genau München 1802/03 das Operationsmesser ansetzte, der Kirche ihre Macht und ihr Land, aber halt auch dem Volk das Recht auf eine bespaßende Seelsorge entzog – ein Desaster. Krippen, Passionsspiele, Prozessionen, Wallfahrten. Alles, was Farbe in den Alltag der Bauern und Handwerker, ihrer Knechte und Mägde brachte: verboten!

Der legendären Sturheit der Oberpfälzer ist es zu verdanken, dass damals eines der schönsten Ausflugsziele des Bayerischen Walds, der Lamberg, nicht für immer verloren ging. 1803 traf in Cham der Befehl ein, die Wallfahrtskirche abzureißen, deren Heilsversprechen spätestens seit dem 14. Jahrhundert Heerscharen von Gläubigen die Landmarke hatte bezwingen lassen. Wenn nicht aus purer Bosheit, wozu dann? Damals gelang es den Chamern noch, ihr angeborenes Revolutionspotenzial unter Kontrolle zu halten. 1832 baten sie, die Kirche wiederaufbauen zu dürfen. München gestand ihnen nur ein Kapellchen zu. Worauf die Chamer ihre Pferdewagen mit extragroßen Mengen an Baumaterial beluden und neben dem nach ihren Vorstellungen erneuerten Gotteshaus gleich auch ein Wirtshaus hinstellten. Jetzt erst recht!

Sogar der selbsterklärte Antichrist Friedrich Nietzsche war überwältigt, als er 1867 auf dem Lamberg Heidelbeeren, ein Glas Milch, vor allem aber die spektakuläre Gipfelaussicht genoss. »Von ferne grüßen schon die Zacken des Arber«, notierte sich sein Wandergefährte, der Sprachforscher Erwin Rohde, »und das alles hob sich in den schönen violetten und blaugrauen Tinten der allmählich zum Untergang sinkenden Sonne voneinander und von dem wolkenlosen Himmel malerisch ab.« Ein erhabenes Idyll. Ein Kleinod mit Klasse.

Adresse Wallfahrtskirche Heilige Walburga und Wirtshaus, Lamberg 1, 93413 Cham, www.wirtshaus-lamberg.de | **Öffnungszeiten** Kirche täglich tagsüber frei zugänglich, Gottesdienst: Hauptwallfahrtstag 3. So im Sept., Autosegnung am Parkplatz unterhalb der Kirche am 1. Mai; siehe auch Pfarrbrief auf www.pfarrei-chammuenster.de, Wirtshaus Mi–Fr ab 14 Uhr, Sa und So ab 11 Uhr | **Tipp** In Cham ließ sich eine Filiale des kleinen, wenig bekannten Redemptoristenordens 1900 mit Maria Hilf eine neuromanische Backsteinkirche bauen.

39 Kapelle Alter Herrgott

Am allertiefsten versteckt

Zwar mag es erlaubt sein, sich mit dem Auto auf Spurensuche nach dem Schauplatz jener Schreckensnacht zu begeben, die bei Magnus Barthels einst gewaltige Zweifel an seiner Eignung zum Kompanieführer eines kurfürstlich-bayerischen Reiterregiments hatte aufkommen lassen dürfen. Aber für die Stoßdämpfer wären die eineinhalb Kilometer Piste quer durch den Wald ein arger Härtetest. Wo sich heute eine Lichtung mit Wegspinne öffnet, musste sich der Berufssoldat eingestehen: Orientierung verloren. Er improvisierte ein Nachtlager. Im Traum zeigte ihm ein weißer Hirsch den Weg nach Hause. Zum Dank ließ er 1676 eine hölzerne Kapelle errichten.

Stilecht muss man sich die Kapelle Alter Herrgott erwandern. Am besten, man schließt sich in Mähring am ersten Sonntag im Juli einer Fußwallfahrt an, die zuverlässig verhindert, dass die Region noch einmal so schwer von einem Unwetter gezeichnet wird wie am 6. Juli 1846. »Eine viertel Stunde hat uns mehr genommen als uns ein ganzes Jahr geben könnte.« Wanderwege starten an Mährings Nikolauskapelle (siehe nächste Doppelseite) oder – Empfehlung! – an dem Parkplatz Egerer Wald an der Straße von Bad Neualbeneuth nach Wondreb.

Aufrecht können nur Kinder das winzige Gotteshaus betreten, einen aus Demut zu klein proportionierten, 1694 aus Stein errichteten, sparsam ausgestalteten Nachfolgerbau. Er trägt das Prädikat des am tiefsten im Wald versteckten Kleinods und erzählt in der Sprache des Idylls, wie genau man durch ein Gelübde Übles zum Guten wenden kann. Das Bilderbuchziel liegt in der Frais, jenem kleinen Stückchen der Oberpfalz, dessen Herrschaftsrechte und -pflichten sich die Stadt Cheb/Eger und das Kloster Waldsassen (beziehungsweise dessen Rechtsnachfolger) von 1591 an teilten. Da man sich bei der Auflösung 1862 nicht einig wurde, ist der Wald noch immer böhmisches Eigentum. Die Erlöse werden bis zur Klärung von einer Stiftung gehortet.

Adresse Wanderparkplatz Egerer Wald an der Staatsstraße 2174 von Bad Neualbeneuth nach Wondreb, ab dort ausgeschildert | Öffnungszeiten jederzeit frei zugänglich, Konfession: katholisch, Gottesdienst: 1. So im Juli Fußwallfahrt von Mähring | Tipp In Wendern, einem Ortsteil von Bärnau, steht seit 1993 eine verkleinerte und dadurch nur gerade noch begehbare Kopie der Kapelle Alter Herrgott.

40 St.-Anna-Gedächtniskirche

Aus dem Jahrhundert des Schmerzes

Der Abbau von Silber, der Handel und die Wallfahrt zu einem Gnadenbild der heiligen Anna, die Maria den Jesusknaben überreicht, ließen einst eine Stadt erblühen, die einen Tick zu weit in Böhmen liegt, als dass man sie vom Grenzkamm des nördlichen Oberpfälzer Walds erspähen könnte. Auch vom Pfaffenbühl aus bleibt sie unsichtbar, einem geradezu perfekten Ausguck, der hinter dem hart an der Grenze gelegenen Mähring aufsteigt.

Und trotzdem nährt der Hügel seit 1953 die Illusion, da ganz weit hinten, das kann doch gar nichts anderes als die alte Heimat sein, Planá u Mariánských Lázní, von seinen deutschsprachigen Bewohnern kurz Plan genannt. Natürlich ahnten diese, ja wussten, was ihnen nach der Befreiung ihrer Stadt durch die US Army 1945 bevorstand. Aber ebenso natürlich ist es, dass sich die Erinnerung nicht ganz genau an die Realitäten gebunden sieht und sich das Gros der 35.959 dort Betroffenen aus dem Nichts über Nacht, nur mit einem Koffer Wechselwäsche in der Hand, nach Bayern vertrieben sah.

1953 trafen sich die Planer Vertriebenen erstmals auf dem Pfaffenbühl. Mit dem Gedanken, jedes Jahr am Wochenende nach dem 26. Juli wiederzukommen, weihten sie dort eine kleine Kapelle. 1966/67 zu stattlicher Größe und 1973 um einen Aussichtsturm erweitert, hätte der Ersatz für die verlorene böhmische St-Anna-Wallfahrt aller Logik nach 1989 wieder im Nichts der Geschichte verschwinden müssen. Doch vor der 1953 gefertigten Kopie des Gnadenbilds aus Planá, die mit einem typisch oberpfälzischen Akanthusrahmen gefasst und damit symbolisch mit der neuen Heimat verschmolzen wurde, flackern noch immer die Opferlichter. Der Schmerz folgt nun mal seinen eigenen Gesetzen. Außenstehenden bietet die St.-Anna-Gedächtniskirche bis heute eine einzigartige Möglichkeit, sich dem Thema Flucht und Vertreibung mit Empathie und spiritueller Sensibilität zu nähern.

Adresse St.-Anna-Gedächtniskirche, an der St.-Anna-Straße außerhalb des Orts, 95695 Mähring, www.plan-weseritz.de | **Öffnungszeiten** Kirche und Aussichtsturm täglich tagsüber frei zugänglich, Konfession: katholisch, Gottesdienst: Ersatzwallfahrtsbetrieb und Vertriebenentreffen am letzten Wochenende im Juli | **Tipp** Die böhmische Wallfahrtskirche St. Anna ist ein äußerst sehenswertes Kleinod des Barock, sie findet sich etwa zwei Kilometer nordwestlich der pittoresken Kleinstadt Planá u Mariánských Lázní.

41 Mariä Himmelfahrt

Heimat einer Weitgereisten

Wer sich nicht mit dem eigenen Bötchen aufmacht, diese am Zusammenfluss von Donau und Naab gelegene Wallfahrtsstätte zu erkunden, wird für folgenden Hinweis dankbar sein: Die meisten Navis schaffen es nicht, das Auto auf den Parkplatz am Fuß des Gotteshauses zu lotsen. Sie leiten das Gefährt stattdessen zu einem Wirtshaus, zu dem der Kirchturm vom gegenüberliegenden Ufer aus herüberwinkt. Das ist aber das Gegenteil von schlimm, denn a) wird beim »Krieger« Traditionelles erster Güte aufgetischt, b) kommt man dadurch an der »Regina« vorbei, dem weltweit einzigartigen Nachbau einer römischen Flussgaleere (sofern sie nicht gerade Germanen hinterherjagt) und c) bieten sich von der Brücke, auf der man die Naab überquert, herrlich meditative Blicke. Hier aber bitte Vorsicht! Schon so mancher wurde von einer Kolonne übereifriger Radfahrer überrollt. Wie das halt so ist an einem Erholungshotspot.

Im Inneren des 1774 neu errichteten Gotteshauses erzählen Meisterwerke der Rokoko-Malerei, wie sich eine Dorfkirche über Nacht zu einer der meistbesuchten Wallfahrtsstätten des Regensburger Umlands entwickelte. Die Fresken sind ein Frühwerk von Matthias Schiffer, der vor allem in Kärnten himmlisch schöne Decken hinterlassen hat.

Um das Jahr 1400 landeten in Mariaort ein Wacholder-Ast und darauf eine Statue der Muttergottes an. Woher man wusste, dass beide 600 Jahre zuvor am Bosporus ins Meer geworfen worden waren, ist unklar. Man wusste es eben. Und natürlich auch, dass es ein echtes Wunder war, vom Goldenen Horn zum Schwarzen Meer und dann die Donau stromaufwärts zu schwimmen.

Noch heute legen im April und im September in Kehlheim und Regensburg Ausflugsdampfer zur Schiffswallfahrt nach Mariaort ab. Schweinsbraten und Segen sind im Fahrpreis enthalten. Ach ja: Was das Navi hier überfordert? Das Mariaort am linken Ufer gehört zu Pettendorf, für das am rechten aber ist Sinzing zuständig.

Adresse Wallfahrtkirche Mariä Himmelfahrt, Mariaort 1, 93161 Sinzing, www.mariaort.de; Gasthof Krieger, Heerbergstraße 3, 93186 Pettendorf-Mariaort, www.gasthof-krieger.de | Öffnungszeiten Kirche täglich tagsüber frei zugänglich, Konfession: katholisch, Gottesdienst: siehe Website, Gasthaus täglich ab 8 Uhr | Tipp In der sogenannten Alten Kirche von Sinzing blieben trotz Barockisierung romanische Fresken aus dem 12. Jahrhundert erhalten.

42 St. Peter und Paul

Auf altbewährtem Fels gebaut

Geheimnisumwittert. Kaum erforscht. Mit Sicherheit magisch anziehend. Das Kirchlein, dessen Zwiebelturm gut zweieinhalb Kilometer nördlich des Marktes Falkenstein aus einem Gipfelwald herausragt, ist mit schier unendlich vielen Fragezeichen behaftet. Weshalb sich noch jeder, der sich mit der einsamen, bescheidenen, aber legendären Wallfahrtsstätte befasst hat, zu wilden Spekulationen hat hinreißen lassen. Nicht ohne Grund münden sie stets im Versuch, sich die massige Gesteinsformation, auf die man spätestens im 16. Jahrhundert eine erste Kapelle gesetzt hat, als keltischen Kultplatz vorzustellen. Die Region – und auch das Areal um das Gotteshaus – ist mit sogenannten Opfer- und Schlupfsteinen durchsetzt. Letztere, so viel weiß man, standen bis ins 19. Jahrhundert im Zentrum eines Rituals, das schon vor der Ankunft der ersten Missionare praktiziert wurde.

Wer Marienstein besucht, muss zunächst eine gänzlich andere, profane Entscheidung treffen: erst Kirche oder Wirtshaus? Hungrig die 93 Stufen des Treppenaufgangs bezwingen? Oder die genüsslich einverleibte Sulze, die in einem aus der Zeit gefallenen Gastraum serviert wird, auf dem alternativen Spazierweg inwendig zur Pforte hinauftragen?

Etliche Sagen deuten darauf hin, dass die mit Opfermulden präparierten Steine der umliegenden Berge spirituell mit dem Marienstein verbunden waren, auf ihn ausgerichtet sind. Allerdings bleibt selbst bei jener Schale, die links des Spazierwegs einen Felsbrocken ziert, offen, ob sie nicht doch natürlichen Ursprungs ist. Zwecks innerer Reinigung durchgeschlüpft wurde wohl zunächst durch einen natürlichen Felsspalt und nach dem Bau der heutigen, 1821 grundlegend sanierten Kirche an deren Fundament. Dort, wo man zwischen Mauer und Gestein einen Spalt offen ließ. Das Patronat des Apostels Petrus – »auf diesen Fels sollst du meine Kirche bauen« – stützt die These eines angeeigneten Keltenheiligtums.

Adresse Wallfahrtskirche St. Peter und Paul, Marienstein 1, 93167 Falkenstein-Marienstein | Öffnungszeiten täglich tagsüber frei zugänglich, Konfession: katholisch, Gottesdienst: 1. und 3. So im Monat 8.30 Uhr | Tipp Das nahe Kloster Hofstetten bietet jedermann die Möglichkeit, sich für ein paar Tage oder Wochen ganz aus dem Weltlichen zurückzuziehen.

43 Unser Lieben Frau

Abgerutscht aus Übereifer

Bricht man, wie anno dazumal die Fuhrknechte, von Sulzbach-Rosenberg auf der uralten Handelsstraße Nürnberg–Prag, der heutigen B 14, in Richtung Osten auf, grüßt ein gutes Stück hinter Hahnbach, dem nächsten Ort, ein einsames, an eine Bergflanke gesetztes Kirchlein herüber. 51 Wochen im Jahr ist es verwaist. Und verschlossen. Zu groß wäre die Gefahr, dass sich die Dreistigkeit des 11. August 1819 wiederholt, an dem die zinnernen Orgelpfeifen verschwanden, sich einmal mehr Diebe an Unser Lieben Frau bereichern.

Das allem Anschein nach barocke Wallfahrtskirchlein markiert den Platz, an dem im Jahr 1700 ein Pfarrer von seinem Pferd stürzte. Nur dank der Fürsprache Marias, da war er sich sicher, überstand er das Malheur unverletzt. Zum Dank ließ er am Ort des Wunders eine Nische in einen Fels schlagen, in die er eine Marienfigur stellte. Dieses erste Mausberger Gnadenbild wurde 1745 zugunsten einer mit anticalvinistischen Parolen angereicherten Kopie der Muttergottes vom Amberger Mariahilfberg ausgetauscht. 1752 warnt der Pfarrer, dass der instabile Grund die anstelle einer hölzernen Wallfahrtsstätte geplante echte Kirche nicht tragen wird. Im Übereifer schaffen seine Schäfchen Tatsachen. 1836 gibt der Hang nach. Ein Teil der Mauern rutscht ab, die Wallfahrtsstätte muss fast von Grund auf neu aufgemauert werden.

Es gibt Kirchen, die man nicht zwingend gesehen, aber unbedingt erlebt haben sollte. In diesem Fall speziell in der Woche um Mariä Geburt (8. September), in der sich der Mausberg in ein Freiluftwirtshaus verwandelt. Im Gegensatz zur großen Amberger Version sind bei diesem Bergfest die Einheimischen noch weitgehend unter sich. Schweinernes wird aufgetischt. Das Bier fließt in Strömen. Der Weihbischof ist da. Buben in Mädchenkleidung – pardon: Ministranten – schwirren wie Spatzen um ihren Pfarrer. Wie es sich gehört, haben sie vorhin an Papas Maßkrug genippt.

Adresse Wallfahrtskirche Unser Lieben Frau, Mausberg 1, 92256 Hahnbach | Öffnungszeiten nur während des Bergfestes, Konfession: katholisch, Gottesdienst: Bergfest vom So vor bis So nach dem 8. Sept., Programm siehe www.pfarrei-gebenbach.de | Tipp Zwei Dörfer weiter, bei Höhengau, versteckt sich tief im Wald die urige Kehlkapelle. Sie wurde 1749 als Herberge für einen gegeißelten Heiland in einen haushohen Fels hineingemeißelt.

44 St. Johannes

Dem Wahnsinn ergeben

Die Bibel ist ein Buch der Grausamkeiten, Gott zur Krone seiner Schöpfung alles andere als nett. Sonntag für Sonntag wird es als sein Wille postuliert, dass sein eigener Sohn durch eine der grausamsten Hinrichtungsmethoden den Tod fand, die je praktiziert wurden. Von Abraham verlangt er, den kleinen Isaak auf einem Altar zu schächten, ausbluten zu lassen. Der gehorcht! Und über alldem schwebt das vierte Gebot: »Ehre deinen Vater und deine Mutter.«

Vielleicht zählt der Barock, der sich im Gotteshaus des ehemaligen Klosters Michelfeld in allergrößter Vollendung zeigt, zu den großartigsten unter den Stilformen der Kunstgeschichte, weil er ein Rezept gefunden hat, die Gewaltspirale des christlichen Leidensnarrativs unschädlich zu machen. Die Abtei und mit ihr die Klosterkirche wurden ab 1680 nach Plänen Johann und Wolfgang Dientzenhofers neu errichtet. Einmal mehr für die Gestaltung des Innenraums verantwortlich: Cosmas Damian und Egid Quirin Asam.

Der Geniestreich, den die Brüder der Nachwelt hinterlassen haben, lässt sich am besten als eine Theaterkulisse beschreiben. Das dargebrachte Stück: die Transformation von Wasser in das Blut und von Oblaten in das Fleisch Jesu. Das Feuerwerk aus Stuck und Freskenmalereien überzeichnet die Inszenierung, verwandelt den Akt der Barbarei in ein ausgelassenes, bombastisches Freudenfest, bei dem der totale Exzess alias die Lust am Leben jedwede Befürchtung niederringt, unter einem Trauma zu leiden.

Viel gäbe es aus der Geschichte der 1119 als östliche Bastion des Bistums Bamberg gegründeten Benediktinerabtei zu erzählen. Das lässt sich aber auch im Kirchenführer nachlesen. Erkenntnisreicher: Den Kopf in den Nacken legen, um von einem Heer von Engeln aus dem Schlachtfeld des Irdischen in eine Scheinkuppel und weiter ins Himmelreich geleitet zu werden – sich dem Überschwang des Barock auszusetzen, zu ergeben.

Adresse Pfarr- und ehemalige Klosterkirche St. Johannes der Evangelist, Klosterhof 6, 91275 Auerbach, www.pfarrei-michelfeld.de | Öffnungszeiten täglich tagsüber frei zugänglich, Konfession: katholisch, Gottesdienst: siehe Website | Tipp Im nahen Auerbach, zu dem Michelfeld gehört, lohnt ein Besuch der beinahe gleichnamigen, ebenfalls barock ausdekorierten Kirche St. Johannes Baptist.

45 St. Johannes Baptist

Der kleine Dom des Naabtals

In der Barockdomäne Oberpfalz lassen sich die Orte an beiden Händen abzählen, in denen sich eine gotische Kirche erhalten hat, die den hohen Ansprüchen der Tagesausflügler genügt. Nabburg ist einer von ihnen. Die Länge seiner Hauptkirche St. Johannes Baptist: beachtliche 43 Meter. Ihr Grundriss folgt dem zentralen Symbol des christlichen Glaubens, einem Kreuz, das sich durch die Aneinanderreihung eines Langhauses, Querhauses und eines Chors zusammenfügt. Auch wenn der erste Eindruck Verwachsungen und Narben vermuten lässt, zählt sie ganz im Gegenteil zu den seltenen Schöpfungen dieser Epoche, bei denen der Bauplan nicht auf halbem Weg revidiert wurde. Lupenreine Gotik.

Der Baubeginn der hoch über dem Naabtal thronenden Landmarke fällt in jene Zeit, in der das auf einer schmalen Bergzunge strategisch perfekt platzierte Nabburg dem nahen Perschen, von dem aus die Region erschlossen worden war, den Rang abzulaufen begann, das ausgehende 13. Jahrhundert. Wohl über einem romanischen Vorgängerbau entstand zunächst der Chor. Der Wunsch, ihn nachträglich an das höhere dreischiffige Langhaus anzupassen, wurde im 15. Jahrhundert fallen gelassen.

Der leichtfertige erste Eindruck eines vernarbten Kuriosums lässt sich übrigens erklären. Zwei Türme wurden angesetzt. Nur einer ragt bis in den Himmel. In der Regel nähert man sich Nabburgs Schmuckstück vom Marktplatz her. Dass ein Gebäuderiegel das Gotteshaus von diesem abschirmt, irritiert. Zudem wurde dem Haupteingang um 1700 eine Kapelle vorgeblendet, was das Gefühl noch einmal verstärkt, dass hier ein Neben- zum Hauptzugang umdeklariert wurde. Erst wenn man um den Friedhof weiß, der das Haus des Herrn einst dezent, aber weiträumig vom Treiben der Marketender trennte, vermag das vom Puzzlespiel spontaner Eindrücke gut geforderte Gehirn alle Teile zu einem harmonischen Gesamtbild zusammenzusetzen.

Adresse St. Johannes Baptist (der Täufer), Kirchplatz 2, 92507 Nabburg, www.pfarrei-nabburg.de | Öffnungszeiten tagsüber frei zugänglich; Infos zu eventuellen Zugangsbeschränkungen im Zuge einer Sanierung auf der Website, Konfession: katholisch, Gottesdienst: So 10.30 Uhr, weitere siehe Website | Tipp Wie es ihr Name andeutet, wurde die südlich von Nabburg im Wald versteckte Wallfahrtskirche Maria Brünnl 1694 über einer Quelle errichtet. Da ihr Wasser Radium enthält, hat es auch schon bei so manchem Ungläubigen gegen Augenleiden geholfen.

46_Sankt-Wolfgangs-Eiche

Von Natur aus überirdisch

Es steht außer Zweifel: Den heiligen Wolfgang hat es gegeben. Nur ist es ob der Vielzahl an Legenden halt unmöglich, eine klare Trennlinie zwischen der realen historischen Figur und spirituellen Sehnsuchtsdichtungen, zwischen Fakten und Fiktion zu ziehen. Als zweiter Bischof von Regensburg überführte er ab 972 ein wildes Machtgerangel in eine stabile kirchliche Ordnung. Als Einsiedler vollbrachte er am Wolfgangsee (Österreich) 977 das Wunder, aus einem Fels eine Heilquelle entspringen zu lassen.

Es ist daher nicht wirklich ein Widerspruch, dass St. Wolfgang die Urheberschaft des kraftvollsten und sympathischsten aller Gotteshäuser der Oberpfalz für sich beanspruchen darf – obwohl die vom Volksmund als 1.000-jährig bezeichnete Eiche Experten zufolge erst seit 400 bis 500 Jahren einen Jahresring an den anderen setzt. Das Monstrum von einem Baum überblickt ein kleines Stückchen östlich eines thurn-und-taxischen Schlossguts einen Talgrund. Natürlich hat St. Wolfgang in seinem Schatten vor seinen Schäfchen gepredigt.

Generationen von Kindern sind auf dieser wuchtigen Naturkirche herum- und sogar an einer Faulstelle in den Stamm hineingeklettert. Niemand kennt die Zahl der Buam und Madl, die bei einem Pfarrgemeindeausflug unter ihrem Blätterdach ihre Liebe füreinander entdeckten. Niemand die der Haltlosen, die versucht waren, das knorrige, von Verwundungen gezeichnete Monstrum zu umarmen. Der Stamm hat 9,8 Meter Umfang. Das lässt keinen kalt. Der erste schriftliche Nachweis des Baums stammt von 1878, er berichtet von einem Brand in seinem Inneren. Das Feuer wiederholte sich 1909 – am 31. Oktober, dem Patronatstag des heiligen Wolfgang. Aber 1910 hat die Eiche dennoch wieder ausgetrieben. Oh was für ein Picknick-Platz! Wo Schicksal auf Magie trifft. Oh was für ein Symbol für die Kraft des Lebens. Für Unbezwingbarkeit, Leidensfähigkeit, Durchhaltewillen.

Adresse von der Straße von Thalmassing nach Hagelstadt zweigt auf halbem Weg eine Allee ab, die zur Sankt-Wolfgangs-Eiche führt (ausgeschildert) | Öffnungszeiten jederzeit frei zugänglich, Konfession: Naturdenkmal, Gottesdienst: an einem So im Juli, Details siehe www.ogv-thalmassing.de | Tipp Fährt man von Thalmassing nach Weillohe, kommt man an der heute unscheinbaren Wallfahrtskirche St. Bäuml vorbei, einer Einsiedelei, in die sich bis 1803 Mönche des Regensburger Klosters Prüll zurückzogen.

47 Mariä Geburt

Wunder am laufenden Band

Eine einzigartige Abweichung von den Gepflogenheiten des Kirchenbaus macht es möglich, am wichtigsten Wallfahrtsort der Oberpfalz die Messe aus der Perspektive eines Klosterbruders zu erleben. Sofern eine Ausnahme gewährt wird. Denn die Ordensregeln gebieten den Franziskanern, die seit nunmehr gut 250 Jahren den Strom der Pilger betreuen, bei den Gottesdiensten unter sich zu sein. Der Hochaltar, in dem die Hoffnung der Kranken und der von Sünden Befleckten, das Neukirchener Gnadenbild, zur Anbetung bereitsteht, schmückt nicht wie üblich die östliche Kirchenwand. Hier fungiert er als Raumteiler. Seine Schauseite wendet sich den einfachen Gläubigen zu, während die Klosterbrüder mit seiner Rückseite vorliebnehmen.

Von einem Augsburger Goldschmiedemeister geschaffen, platzierte man das Prunkstück 1752 exakt an jener Stelle, an dem sich gut zweieinhalb Jahrhunderte zuvor eine schier endlose Abfolge von Wundern ereignet hatte. Es begann um 1400 mit einer Hostie, die auf einem Baumstumpf gefunden wurde. In die Kapelle, die zum Schutz der Oblate errichtet wurde, brachte eine böhmische Bäuerin 1419 eine Marienstatue. Als die Hussiten 1450 Neukirchen überfielen, warf Krcma, ihr Anführer, die 78 Zentimeter große Skulptur in einen Brunnen. Dreimal kehrte sie von selbst an ihren Platz zurück. Er schlug mit dem Schwert auf sie ein. Blut rann ihr übers Gesicht. Das Pferd des Hussiten: unfähig, sich zu bewegen. Krcma riss ihm die Hufeisen ab. Aber erst als er dem Reformator Jan Hus abschwor, sich wieder zum wahren Glauben bekannte, vermochte es ihm wieder zu gehorchen.

Noch heute bekommt ein Abbild der Gnadenmadonna Tag für Tag Dutzende, ja Hunderte Rosenkränze um den Hals gehängt, reißt der Strom der Pilger nicht ab. Im Rekordjahr 1752 wurden in der Woche um Mariä Geburt, dem Patronatstag der Wallfahrtskirche, 420 Messen gelesen und 70.000 Kommunionen ausgeteilt.

Adresse Wallfahrtkirche Mariä Geburt mit Franziskanerkloster (Haus zur Aussaat), Wachskunstgalerie, Klostergarten und Klosterladen, Klosterplatz 1, 93453 Neukirchen b. Hl. Blut, www.haus-zur-aussaat.de | **Öffnungszeiten** Kirche täglich tagsüber frei zugänglich, Weiteres siehe Website, Konfession: katholisch, Gottesdienst: Wallfahrtskirche Sa Winterzeit 16 Uhr, Sommerzeit 17 Uhr, So 9 und 10.30 Uhr; Klosterkirche Mo–Sa 8 Uhr, So 19 Uhr, Wallfahrtsbetrieb ganzjährig | **Tipp** Im alten Ortskern von Neukirchen findet sich in einer 1614 aufgegebenen, zum Schloss umfunktionierten Kirche ein sehenswertes Wallfahrtsmuseum.

48 Hofkirche

Der schönste Sarg der Oberpfalz

Obwohl als herrschaftliche Grablege konzipiert, fand in der Neumarkter Hofkirche nur ein Angehöriger des Hauses Wittelsbach seine letzte Ruhestätte. Überhaupt löste sich das Versprechen des Pfalzgrafen Johann (1383–1443), das strategisch günstig gelegene, aber bis dato weitgehend bedeutungslose Neumarkt zu einer strahlenden Residenzstadt auszubauen, schon bald in Luft auf. Geblieben ist ein Stadtquartier, in dem ein vom Zahn der Zeit reichlich deformiertes Schloss und ein Gotteshaus wie falsch platziert herumstehen. Äußerlich vermittelt die 1418 errichtete Hofkirche mehr den Eindruck eines Stadels denn eines Repräsentationsbaus. Trotz eines 52 Meter hohen Turms. Innen hingegen: etwas ganz Besonderes!

Dort präsentiert sich die nach dem schnellen Aus der Neumarkter Hauptstadtträume um zwei Seitenschiffe erweiterte, seit 1614 mit einer flachen Holzdecke abgeschlossene Hofkirche als eine hoch atmosphärische, stimmige Melange aus Gotik und Renaissance. Das schlichte, durch Rundpfeiler rhythmisch strukturierte Langhaus lenkt alle Aufmerksamkeit in Richtung Altarraum – und damit auf den ursprünglichen Standort des Hochgrabs des 1499 verstorbenen Otto II. Im Gegensatz zum Gros der spätmittelalterlichen Ausstattung hat die längst ins rechte Seitenschiff verlagerte, detailbesessen ausgearbeitete Großplastik den Bildersturm der lutheranisch-calvinstischen Ära heil überstanden. Der scheinbar gotische Hochaltar entstand erst 1896. Er fügt sich harmonisch in das sensibel zusammengestellte Miteinander älterer und moderner Kirchenkunst.

Johanns 1410 verstorbener Vater teilte sein Territorium, die Kurpfalz, unter seinen vier Söhnen auf. Bereits 1448 wurde die so entstandene Pfalzgrafschaft Pfalz-Neuburg zu Pfalz-Mosbach-Neumarkt, da Johanns Sohn kinderlos blieb. 1499 erlosch auch diese Linie. 1520 kehrte der Hofstaat nach Neumarkt zurück, um sich 1543 endgültig für Amberg zu entscheiden.

Adresse Hofkirche Zu unserer Lieben Frau, Hofplan 3, 92318 Neumarkt, www.hofkirche.de | **Öffnungszeiten** täglich tagsüber frei zugänglich, Konfession: katholisch, Gottesdienst: So 9, 10.30 und 18.30 Uhr, weitere siehe Website | **Tipp** Im nahen Pilsach, in dessen Schloss Kaspar Hauser als Kind gefangen gehalten wurde, lohnt trotz starker, in den 1920er Jahren erfolgter baulicher Eingriffe ein Blick auf und in die Wehrkirche St. Peter und Paul.

49 Johanneskirche

Am Ende kam das Licht

Auf den ersten Blick präsentiert sich das Wahrzeichen Neumarkts als eine repräsentativ dimensionierte, gotische Kathedrale, deren Zustand der Entstehungszeit entspricht. Auf den zweiten - jein! Der von einem 72 Meter hohen Turm gestützte Baukörper weiß, wie man seinen wahren, chaotischen Charakter überspielt. Man muss genau hinsehen, um zu erkennen: In kaum eine andere Kirche haben sich die Auf und Abs ähnlich deutlich eingeschrieben, die die Oberpfalz in den letzten 600 Jahren zu meistern hatte.

Als die Stadtgründer um 1100 einen lang gezogenen, minimal gekrümmten Marktplatz absteckten, bedachten sie nicht, dass Kirchen stets in Richtung Jerusalem – nach Osten – ausgerichtet sein müssen. Eine bereits bestehende Kapelle fand sich auf der Westseite des Marktes wieder. Als gotische Meister 1404 begannen, ihr einen 58 Meter langen Neubau überzustülpen, erzwang die Unachtsamkeit, dass die Johanniskirche dem Herz der Stadt anstatt des Eingangs den Hintern zuwendet.

1557. Die lutheranische Lehre, die Ottheinrich von Pfalz-Neuburg seinen Landeskindern verordnet, erlaubt nur die Darstellung biblischer Figuren und Geschehnisse. Die calvinistische, zu der sein Nachfolger wechselt, verbietet jedwede Abbildung Heiliger. Die Ausstattung landet auf dem Müll. Dann, im Zuge der Gegenreformation, verwandelt sich der kahle Raum in einen barocken Festsaal. Schrecklich undeutsch, urteilt Bayerns König Ludwig I. Forschungen eines Neumarkter Pfarrers verhindern, dass die Phantasie seiner Architekten, die die Halle in ihren Urzustand zurückversetzen, zu sehr mit ihnen durchgeht. Als gelungen kann die nach dem Zweiten Weltkrieg ein zweites Mal erforderliche Rekonstruktion erst seit den 1990er Jahren betrachtet werden. Dank der damals eingesetzten Buntglasfenster herrscht endlich wieder jene gedämpfte, heimelig meditative Lichtstimmung, die für eine echte gotische Wandelhalle typisch ist.

Adresse Münster St. Johannes, Münsterplatz 1, 92318 Neumarkt, www.st-johannes-neumarkt.de | **Öffnungszeiten** täglich tagsüber frei zugänglich, Konfession: katholisch, Gottesdienst: So 8, 9.30 und 11 Uhr, weitere siehe Website | **Tipp** Die Kirche St. Johannes im nahen Postbauer-Heng ist ein barocker Augenschmaus.

50 Maria Hilf

Jede Stadt braucht Beistand

Lässt man sich auf die Herausforderung ein, sich der lebendigsten Gebetsstätte Neumarkts auf dem traditionellen, 367 Stufen zählenden Fußweg zu nähern, liegt man gar nicht so falsch, wenn einem dort, wo sich die Höhenkirche Maria Hilf endlich ins Blickfeld schiebt, der Bildspeicher des Oberstübchens ihr Amberger Pendant vors innere Auge projiziert. Das sind doch Geschwister!

1634 trugen Ambergs Jesuiten auf ihren Mariahilfberg eine Kopie von Lukas Cranachs berühmtem Gemälde der Muttergottes mit dem Jesuskind, das sich sogleich als wundertätig erwies. Himmlischen Beistand, den konnte auch das vom Dreißigjährigen Krieg deutlich schlimmer gezeichnete, bis zuletzt von den Schweden besetzte Neumarkt gebrauchen. Da traf es sich gut, dass den Guardian, den obersten Bruder des Neumarkter Karmelitenklosters, 1677 eine Vision überkam. Sie offenbarte ihm eine östlich der Stadt gelegene, unbebaute Erhebung als ebenbürtige Pforte ins Paradies. Vorerst konnte sich Neumarkt aber nur drei Bergkreuze leisten. Eine Cranach-Kopie gab der Eremit, der sich zu ihrem Schutz auf dem Mariahilfberg niederlassen wollte, erst 1687 in Auftrag. Sie ist der spirituelle Anker und der Blickfang des mit Gold und Silber überzogenen Hochaltars der 1718 begonnenen Neumarkter Maria-Hilf-Kirche.

Freizeit-Kunsthistoriker, die der berühmten Rokokoausstattung ihre Aufwartung machen, tun gut daran, sich alternativ an der grandiosen Aussicht sattzusehen. Denn ihre Neugierde kollidiert mit einer Heerschar Betender, die den üppig verzierten, sakralen Festsaal von früh bis spät in seinem eigentlichen Sinn beleben. Auch dank der üppigen Beichtangebote der argentinischen Brüder und Schwestern, die 2016 in das Kloster der Wallfahrtsstätte eingezogen sind, ist in der Maria-Hilf-Kirche immer mindestens eine Handvoll Gläubiger gerade dabei, der Muttergottes ihre Sorgen anvertrauen. Um Rücksicht wird gebeten.

Adresse Wallfahrtskirche und Kloster Maria Hilf, Am Mariahilfberg 1, 92318 Neumarkt, www.kloster-mariahilfberg.de; der traditionelle Fußweg, ein Kreuzweg, startet am Beginn des Klostergartens von St. Josef in der Maria-Ferdinand-Straße | Öffnungszeiten täglich 7–20 Uhr, Konfession: katholisch, Gottesdienst: Mo–Fr 8 Uhr und (außer Do) 19 Uhr, Sa 16.30 Uhr, So 8.30 und 10 Uhr; Hauptanbetungstag: Fr | Tipp Das erst 100 Jahre alte, am Fuß des Neumarkter Mariahilfbergs gelegene Nonnenkloster St. Josef sitzt auf einer Heilquelle. Ihr Wasser ist im Klosterladen erhältlich.

51__St. Josef

Doppelt generaloperiert

Es ist keine Schande, sich ohnmächtig zu fühlen, wenn sich einem beim Spaziergang durch die nette Altstadt von Neunburg vorm Wald erstmals das Desaster in seiner ganzen Dimension vor die Augen schiebt. Und auch nicht, dass einem wie von selbst die Frage über die Zunge rollt: Was haben sie bloß mit dir gemacht? Tausend Jahre hat die Kirche St. Josef auf dem Buckel. Seit Urzeiten von der altehrwürdigen Pfalzgrafenresidenz umarmt, soll sie stellvertretend für ein Kapitel stehen, das in einem Buch über Gotteshäuser einfach mit dazugehört: die Kurzsichtigkeit des 20. Jahrhunderts.

1945 bis 1947 machten sich in den von der sowjetischen Armee befreiten Gebieten zwölf Millionen Menschen – meist unfreiwillig – auf den Weg nach Westen. 1,9 Millionen von ihnen ließen sich in Bayern nieder – aus der Hoffnung heraus, bald wieder in die Heimat zurückkehren zu können, bevorzugt in Grenznähe. Mit der Bevölkerung explodierte auch in Neunburg vorm Wald die Zahl der Kirchgänger. Während man das Problem andernorts durch Neubauten löste, beschloss man hier, das gotische Raumgefühl von St. Josef zu opfern. 1965 riss man ihren Chor ab und zog an seiner Stelle mit dem bevorzugten Werkstoff der Zeit, Stahlbeton, einen geräumigen Saal hoch.

2020. Nur gut ein halbes Jahrhundert später. Erneut belagert schweres Gerät den Neunburger Burgberg. Die konzeptionellen Fehler, vor allem aber die Baumängel der 1960er Jahre haben sich als derart gravierend herausgestellt, dass sich St. Josef erneut einer Generaloperation unterziehen muss. Ein Augenschmaus ist nicht zu erwarten. Aber zweieinhalb Millionen Euro wird das Flickwerk kosten. Was wollten die Lippen gleich noch mal formulieren? In Anbetracht der unzähligen, zur selben Zeit mit denselben Qualitätsansprüchen gegossenen Vorzeigeexemplare einer jungen, vitalen Gemeindekultur? »Na dann lasst uns besser mal den Kopf in den Bausand stecken!«

Adresse Stadtpfarrkirche St. Josef, Im Berg 5, 92431 Neunburg vorm Wald, www.pfarrei-neunburg.de | Öffnungszeiten täglich tagsüber frei zugänglich, Konfession: katholisch, Gottesdienst: siehe Website | Tipp Mitteraschau, ein 1921 nach Neuenburg eingemeindetes Bauerndorf, weiß mit St. Johannes der Täufer ein romanisches Kirchlein sein Eigen, in dem sich Fresken aus dem 15. Jahrhundert erhalten haben.

52 Zum Gegeißelten Heiland

Die kopierten Tränen des Herrn

Addiert man die Feiertage des 18. Jahrhunderts und die Wallfahrten, an denen sich damals die Dörfer geschlossen beteiligten, kommt man zu einem verblüffenden Ergebnis. Vier bis sechs Wochen im Jahr – die arbeitsfreie Zeit, die uns heute gewährt wird, deckt sich mit der von vor 300 Jahren. Nur dass man damals natürlich nicht davon träumte, in Kenia Löwenbabys zu streicheln. Altötting war das höchste der Gefühle. Bis sich die Tränen herumsprachen, die eine Statue am 14. Juni 1738 weinte. Ein Abbild des Heilands, den die Römer auspeitschten – geißelten. Auf einer Wiese nahe des oberbayerischen Steingaden.

Ortswechsel. Das Dorf Niedermurach. In einem jener hintersten Winkel versteckt, in denen der Fuchs dem Hasen beim Gute-Nacht-Sagen nie etwas antun würde, denn dann wäre er ja völlig allein. Wo der Ort einst in die Felder überging, steht ein von uralten Linden beschirmtes, blutrot gestrichenes Kirchlein. Man kann davon ausgehen, dass es die Freiherren von Murach waren, die 1753 eine Kopie des wundertätigen Gegeißelten Heilands nach Niedermurach holten, in einen meisterlich komponierten Rokokoaltar einpassen und mit einer Gebetshalle ummauern ließen. Ein Jahr vor der Vollendung der weltberühmten Wieskirche. Das Wappen der lokalen Herrscherfamilie findet sich an der Spitze des Altars.

Wollten sie sich mit dem Substitut, dessen Besuch vor Gott dasselbe wert war wie ein Fußmarsch nach Steingaden, bei ihren Bauern für den Zehnt bedanken? Oder ist die vom Volksmund Wies genannte Kapelle als Versuch zu deuten, das immer weiter ausufernde Wallfahrtswesen einzudämmen? Genauso gut konnte das Ersatzziel als Einnahmequelle gedacht gewesen sein. Aufgeschlossen wird das Kirchlein heute nur noch am Sonntag. Ein Gitter verhindert auch dann das Betreten. Zu oft haben Besucher eine der mittlerweile abgehängten Votivtafeln mitgehen lassen, die einen üppigen Wallfahrtsbetrieb belegen.

Adresse am Ende des Kapellenwegs, 92545 Niedermurach | Öffnungszeiten So tagsüber (vergitterter Vorraum), Konfession: katholisch, Gottesdienst: nur zu besonderen Anlässen wie Maiandachten | Tipp Östlich von Alteglofsheim (Landkreis Regensburg) steht eine weitere, nur noch rudimentär erhaltene, aber nicht minder charmante Wieskapelle. Die größte Kopie der Wieskirche findet man am Ortsrand des Marktes Moosbach (nahe Vohenstrauß).

53 St. Maria zu den 14 Nothelfern

Hauptsächlich der Aussicht wegen

Wenn einer, der die halbe Welt bereist, den Orinoco befahren und den Chimborazo bezwungen hat, vom »schönsten Basaltkegel Europas« spricht, ist die Sachlage eindeutig: Muss man bestiegen haben! Alexander von Humboldt soll dem Parkstein diesen Ehrentitel verliehen haben, jener spektakulären Landmarke nordwestlich von Weiden. Man stelle sich die Region als eine festlich gedeckte Tafel vor. Das Tischtuch: das sattgrüne, höchstens sanft gewellte Bauernland. In der Mitte eine Torte mit zwei Stockwerken. Das untere, das sind die Häuser eines uralten Marktflecks. Dann, über den Dächern eine ausgefuchste Komposition aus senkrecht aufgestellten, sich fugenlos aneinanderschmiegenden Stäben aus Schokolade – aus Basaltgestein. Wow! Und dann, ganz oben, anstelle eines Hochzeitspaares aus Marzipan: ein zierliches Gotteshaus.

Der Parkstein, das ist ein erloschener Vulkan. Von einem für Ausflügler reservierten Parkplatz führt ein Kreuzweg in seine fast in der Senkrechten aufgestapelte Gesteinsformation hinein und weiter auf den Gipfel. Die bizarren Säulen entstanden beim Erkalten des Magmas, das nach dem letzten Ausbruch im Schlot zurückgeblieben war. Vor 24 Millionen Jahren.

Unten im gleichnamigen Ort wurde 1642 aus der Kirche ein Kelch mit Hostien gestohlen, die der Dieb in den Dorfbrunnen kippte. Nicht so schlimm! Denn das Fleisch des Herrn blieb wie durch ein Wunder unversehrt. Schließlich die Nacht auf den 8. Juni 1835. Ein Feuer legte die Kapelle, die über dem Brunnen errichtet worden war, in Schutt und Asche. Man entschied, sie an einer besonders exponierten Stelle neu zu errichten. Erst jetzt erhielt der Berg sein Wahrzeichen. Welches, oben angekommen, zur Nebensache wird. Die Aussicht ist so grandios, dass ihr kein Gotteshaus die Show stehlen kann.

Adresse Bergkirche St. Maria zu den 14 Nothelfern; nur zu Fuß erreichbar, Parkplatz für den Aufstieg über die Basaltwand: Basaltstraße 16, 92711 Parkstein | Öffnungszeiten Areal rund um die Uhr frei zugänglich; Kirche nur zu besonderen Anlässen, Konfession: katholisch, Gottesdienst: nur zu besonderen Anlässen wie einer Hochzeit | Tipp Das Parksteiner Museum Vulkanerlebnis erzählt die faszinierende Geschichte dieses außergewöhnlichen Marktflecks und seines Feuerbergs – simulierter Ausbruch inklusive.

54__St. Leonhard

Fakten, die auf sich warten lassen

Einmal mehr bedarf es einer guten Portion Phantasie, damit sich die Besichtigung der bulligen, am Ufer der Naab auf ein hochwassersicheres Podest platzierten Kirche des 50 Einwohner kleinen Penk als elektrisierendes Ereignis im Gedächtnis festsetzt. Man muss wissen, was man da vor sich hat. Wir sprechen von mindestens 1.100 Jahren. Jetzt bitte das innere Kopfkino anschalten und einfach allem freien Lauf lassen, was den grauen Zellen so in den Sinn kommt – ob stolzer Ritter oder ein frei erfundener Oberpfälzer Robin Hood. Gerne auch eine römische Flussgaleere. Die ältesten Spuren, die man unter St. Leonhard gefunden hat, fallen in die Zeit, in der das antike Regensburg dann doch den bajuwarischen Barbaren überlassen wurde.

Dass St. Leonhard zu den ältesten Landkirchen in Deutschland zählt, weiß man erst, seit man vor der Wahl stand: sanieren oder riskieren, dass das Gotteshaus trotz seiner bis zu 1,10 Meter dicken Mauern zusammenfällt. Als Erstes machten sich 2014 Archäologen an die Arbeit. Die Vermutung, dass der fast fensterlose, wehrhafte Bau auf eine Burg zurückgeht, trügt. Auch wenn sie vom Verein Penker Kirchl weiterhin kolportiert wird, der die Sanierung überhaupt erst in Gang brachte. Die unterste Fundschicht lässt auf einen Versammlungsort schließen, dem im 8. Jahrhundert eine erste Holzkirche folgte. Der älteste Gebäudeteil, das neun Meter lange Langhaus, muss vor dem 10. Jahrhundert aufgemauert worden sein. Der breite Turm kam erst im 15. Jahrhundert dazu.

Bis aus der Rarität ein Kulturzentrum geworden ist, werden noch etliche Jahre vergehen – und etliche Details auftauchen, die das Kopfkino neu in Gang bringen. Eiserne Votivgaben deuten darauf hin, dass der Brauch des Leonhardiritts deutlich älter ist als bisher angenommen. Noch widersprechen sich die Studierten. Bis klare Fakten vorliegen, wird noch viel Wasser die Naab hinabgeflossen sein.

Adresse St. Leonhard, Löweneckstraße, 93152 Nittendorf-Penk | Öffnungszeiten auf unbestimmte Zeit nicht zugänglich, Konfession: katholisch, Gottesdienst: keine, Wiedereröffnung als Kulturzentrum geplant | Tipp Im nahen Hohenschambach, einem Ortsteil von Hema, begeistert die Kirche Mariä Heimsuchung mit einem Deckenfresko eines Großmeisters des Barock, Otto Gebhard.

55 Ensemble mit Rundkapelle

Gefälschte Verhältnisse

Ein eklatanter Verstoß des obersten Hirten von Regensburg gegen das achte Gebot verdunkelt das wahre Alter eines historischen Ensembles, das dank seiner vielen Gesichter alle Generationen zu faszinieren vermag. Das familienkompatible Ausflugsziel liegt in einem Dörfchen nördlich von Nabburg. Von einer sanften, aber Hochwasser-sicheren, am Ufer der Naab aufsteigenden Erhebung grüßt eine klobig breite Kirche. Darum herum ein Friedhof. Etwas abseits ein Rundbau, einst als Beinhaus genutzt. Kleine Enttäuschung für die Kinder: Die dort über Jahrhunderte zusammengetragenen Knochen hat man längst fortgeschafft. Das Ganze ist mit burgartigen Mauern gesichert. Als weiteres Bonbon ein Bauernhofmuseum – direkt benachbart, bittet eine Anfang des 17. Jahrhunderts neu errichtete, lang gestreckte Landwirtschaft, auf Zeitreise zu gehen.

11. Jahrhundert. Besitzstreitigkeiten. Wem gehört die Urpfarrei des Naabtals? Um sie für sein Bistum zu sichern, legt der Regensburger Bischof eine 798 in Rom besiegelte Urkunde vor. Eine dreiste Fälschung. Ganz schön blöd! Denn durch die Lüge lässt sich die Rundkapelle St. Michael nicht zuverlässig datieren. Frühe Beispiele dieses in der Oberpfalz weit verbreiteten Typs stammen aus dem 7., späte aus dem 11. Jahrhundert. In einer echten Urkunde erstmals erwähnt wird Perschen erst im 12.

Das Erbe der gefälschten Gründungszeit hat es auch deshalb in sich, weil in der Rundkapelle Mitte des 19. Jahrhunderts Fresken zum Vorschein kamen, denen man sogleich den Superlativ des »vollkommensten Cyclus von Gemälden der Zeit« verlieh. Hartnäckig hält er sich bis heute. Ja, sie sind eine Rarität. Und ein Augenschmaus. Aber die Zeit! Längst datiert man die figurenreiche Komposition nicht mehr auf das 9., sondern auf das 12. Jahrhundert. Die Kirche auf das 13. In ihrem Chor Malereien, die im 14. Jahrhundert entstanden sind.

Adresse St. Peter und Paul mit Rundkapelle sowie Filiale Edelmannshof des Bauernhofmuseums Perschen mit Wirtshaus, Perschen 13, 92507 Nabburg | Öffnungszeiten Kirche und Rundkapelle Ostern–Ende Okt. täglich frei zugänglich, Edelmannshof Mitte März–Anfang Nov. Sa, So 9–18 Uhr sowie mit Bauernmarkt Mi 14–17 Uhr, Konfession: katholisch, Gottesdienst: siehe Pfarrbrief auf www.pfarrei-nabburg.de | Tipp In St. Ulrich in Wilchenreuth (bei Weiden) kamen 1903 beeindruckende Fresken zum Vorschein, die ebenfalls aus dem 12. Jahrhundert stammen.

56 St. Margaretha

Aller guten Dinge wären drei

Selbst in der für ihr inniges Verhältnis zum Bier berühmten, ja berüchtigten Oberpfalz soll es Menschen geben, für die 11 Uhr dann doch etwas arg früh am Tag ist, um sich die erste Halbe einzuverleiben. Wenn auch in geringer Anzahl. Bislang waren sie vor die Wahl gestellt, einen Sonntagsausflug zu den geheiligten Zapfhähnen des Regensburger Umlands erst am Nachmittag anzutreten – oder zur besagten Stunde im Meer der Gottesdienstbesucher abzutauchen. Die Rede ist vom Adlersberg, auf dem der Brauereigasthof Prößl längst ein uraltes Wallfahrtskirchlein als Besuchermagnet abgelöst hat, sich die Biergartengarnituren vom ersten Angelusläuten an unter der Last der Maßkrüge biegen. Eigentlich war das Nonnenkloster, das um 1270 auf den Adlersberg gesetzt wurde, für Pettendorf vorgesehen. Der Besuch der unscheinbaren, keine zwei Kilometer nördlich gelegenen Ortschaft bietet sich als weitere Alternative an. Spaziert man dort über den Kirchhof, fällt es nicht schwer, ihn sich als Schauplatz folgender kuriosen Geschichte vorzustellen:

Kapitel 1. Um 1119. Wie es sich in dieser Epoche für den Patriarchen eines Adelshauses gehört, der ohne männlichen Erben geblieben ist, verfügt Friedrich III. von Pettendorf, seine Burg, deren Reste tief unter uns im Boden stecken, nach seinem Tod einem geistlichen Orden anzuvertrauen.

Kapitel 2. Um 1180. So recht gedeihen will das Kloster nicht. Deshalb baut der neue Landesherr das, was einen Tick höher unter unseren Füßen im Boden liegt, zu einer Burg zurück. Kapitel 3. 1259. Als Verlierer eines Kriegleins ist der Landesherr gezwungen, die Burg in Kloster Nummer zwei umzuwandeln. Kapitel 4. Um 1272. Raubritter zerstören Pettendorf. Ein drittes Mal ein Neuanfang am selben Ort? Man beschließt, es lieber drüben auf dem Adlersberg zu versuchen. Parallel erhält Pettendorf jene romanische Dorfkirche, der kaum ein Ausflügler seine Aufmerksamkeit schenken will.

Adresse St. Margaretha (mit Umfeld), Martin-Klob-Straße 7, 93186 Pettendorf, www.pfarreiengemeinschaft-pettendorf-pielenhofen-wolfsegg.de | Öffnungszeiten Kirchhof täglich tagsüber frei zugänglich, Kirche unregelmäßig, Konfession: katholisch, Gottesdienst: siehe Pfarrbrief auf der Website | Tipp Der barocke Hochaltar von St. Peter und Paul im nahen Kneiting stand bis zu dessen Re-Gotisierung im Regensburger Dom.

57_St. Martin mit Karner

Wo das Wirtshaus gerne einspringt

Parallel zum Schwund der Kirchgänger steigt die Anzahl jener Gotteshäuser kontinuierlich an, die zwar kulturgeschichtlich von herausragender Bedeutung sind, bei denen aber ein spontaner Besichtigungsversuch vor der Eingangstür endet. Im Fall des aus grauen Dolomitsteinen aufgemauerten Blickfangs des 220 Seelen kleinen Pfaffenhofen empfiehlt es sich deshalb, das Eintreffen auf den Mittag zu legen. Denn dann kann man sich zumindest im direkt benachbarten Wirtshaus entschädigen. Nicht nur zum Kalbstafelspitz aus eigener Aufzucht und Schlachtung wird beim Schweppermann das schlonzige Ideal eines Kartoffelsalats aufgetischt.

Man sieht es der schmucklos-spröden Kirche nicht an, dass es sich bei Pfaffenhofen um die Urpfarrei der Region handelt. St. Martin entstand um 1060 – vermutlich über einem zu klein gewordenen Vorgängerbau. Das Besondere: Das romanische Meisterstück blieb bis heute unverändert. Abgesehen von ein paar Kleinigkeiten wie dem Turm, der Vergrößerung der Fenster und der Umgestaltung des Innenraums im Barock. Sogar die mit Dämonen verzierten Beschläge der Eingangstür – bitte Vorsicht beim vergeblichen Rütteln – sind original.

Im Mittelalter war die damals noch der Gottesmutter geweihte Kirche für 25 Dörfer zuständig. Das schloss mit ein, dass die Toten stets in Pfaffenhofen beerdigt wurden. Das kleine, ebenfalls weitgehend unverputzte, zweistöckige Gebäude, das im 13. Jahrhundert neben dem Gotteshaus aufgemauert wurde, diente zur Aufbewahrung jener Gebeine, die wieder ausgegraben werden mussten, um Platz für neue Gräber zu schaffen. Im Untergeschoss des Karners stapelte man die Knochen und Schädel, oben, wo sich Reste von einst prächtigen Fresken erhalten haben, wurden für ihre Seelen Messen gelesen. Im 16. Jahrhundert änderten sich mit der Reformation die Sitten. Der Karner wurde ausgeräumt, die Gebeine zu seinen Füßen erneut in die Erde gelegt.

Adresse St. Martin/Wirtshaus Schweppermann, St.-Martin-Straße 10/11, 92280 Kastl-Pfaffenhofen, www.schweppermann.com | Öffnungszeiten Kirche und Karner nur zu besonderen Anlässen, Konfession: katholisch, Gottesdienst: häufig Mi 18 Uhr, siehe www.pfarrei-kastl.de; Wirtshaus Mo–Mi und Fr 11–14 und 17–21 Uhr, Sa und So 11–22 Uhr | Tipp Der nächste Karner, der noch mit Gebeinen gefüllt ist, befindet sich in Greding – neben der Kirche St. Martin.

58 Mariä Himmelfahrt

Auf Brennnesseln gebettet

Das satte Grün des Naabtals, an dessen steilen Rändern sich manch eine Felsnadel so weit in den Himmel streckt, dass sie dort die Engel piksen kann. Dichte Wälder, die ins Hinterland aufsteigen. Karge Felder, die ihren Bauer täglich bei sich wissen wollen. Dazwischen ein Mordstrumm von einem Kloster. Exakt so groß, wie man sich im Wirtshaus sein Stück vom Braten wünscht. Bayern noch einen Tick schöner zu gestalten, als es ihm in Pielenhofen gelungen ist, das wäre selbst dem Herrgott nicht möglich.

Obwohl 2010 die letzten Nonnen und kurz darauf auch noch das Internat für die Jüngsten der Regensburger Domspatzen den Konvent verlassen haben, lassen sich auch seither mehr als genügend Argumente finden, die 1240 von Zisterzienserinnen gegründete, 1559 aufgelöste, 1655 von Mönchen neu besiedelte, 1806 wieder in weibliche Hand gewechselte Bastion des Glaubens und ihre prachtvolle Barockkirche in Augenschein zu nehmen. Seine heutige Gestalt erhielt das weitläufige Areal 1717 bis 1738 – in einer Zeit, in der Repräsentation das oberste Gebot war. Je drei Säulen auf jeder Seite verleihen dem Hochaltar und seinen Seitenaltären eine unkonventionelle, einzigartige Monumentalität.

Dank einer Münchener Karmelitin namens Anna Josepha Lindmayr war es übrigens durchaus vorhersehbar, dass mit den letzten Nonnen zwar der gute Geist, nicht aber das spirituelle Herz Pielenhofen Adieu sagen würde. 1806 hängte eine Ordensschwester ein Gnadenbild in die Kirche, dessen Geschichte nicht nach jedermanns Geschmack sein dürfte. Das winzige Ölbild, ein Ecce-Homo (Leidender Christus), stammte aus dem Besitz der vom Vatikan nie anerkannten Volksheiligen, die gerne auf Brennnesseln schlief, sich auspeitschte und um den Oberschenkel eine mit Dornen besetzte Kette trug. Am Freitag vor Weihnachten 1690 hat ihr das Bild offenbart, dass es Sünder erlösen kann, und dann geweint. Ganze sieben Mal.

Adresse Pfarr- und ehemalige Klosterkirche Mariä Himmelfahrt, Klosterstraße, 93188 Pielenhofen, www.pfarreiengemeinschaft-pettendorf-pielenhofen-wolfsegg.de | Öffnungszeiten täglich tagsüber frei zugänglich, Konfession: katholisch, Gottesdienst: siehe Pfarrbrief auf der Website | Tipp Zur berühmten, komplett erhaltenen, nur wenige Kilometer entfernten Burg Wolfsegg gehört auch eine dem heiligen Laurentius geweihte Kapelle. Je einmal im Jahr, um den Patronatstag, den 10. August, feiern dort die lokale katholische und evangelische Gemeinde einen Gottesdienst.

59 Benediktinerabtei

Seiner Schöpfung verpflichtet

Genau so, wie sich der gehetzte Großstädter ein Kloster aus jener guten alten Zeit vorstellt, in der sich der Bauer noch bückte und das Bier noch gesund und nahrhaft war, so lässt sich das Erfolgsrezept eines der Top-Ausflugsziele der Altmühltal-Region beschreiben – des Klosters Plankstetten. Biozertifiziert seit 1994. Inklusive der Bäckerei und der Metzgerei und damit der Köstlichkeiten aus der Klosterschenke. Die Traktoren auf selbst angebautes und gepresstes Pflanzenöl umgestellt. Ein christlich-spirituelles Bollwerk gegen den Klimawandel und den Raubbau der Ressourcen. Es funktioniert! Trotz eines Klotzes am Bein: der deutlich überdimensionierten, barocken Konventsgebäude, die die Fläche eines Dorfes einnehmen.

Unten im Tal mahnt der Rhein-Main-Donau-Kanal, die größte ökologische und ökonomische Sünde des modernen Bayern, wie man es nicht angehen sollte. In der letzten Bauphase, den 1980er Jahren, in denen Karawanen von Muldenkippern die einzigartige Biodiversität und Schönheit des Altmühltals abtransportierten, besann sich Plankstettens Abt auf die Wurzeln seines Benediktinerordens. Er stellte auf Autarkie und Kreislaufwirtschaft um. Das Kloster und seine Landwirtschaft, so die Vision, sollten alles selbst herstellen, was von den Mönchen verbraucht wird. Und von ihren Gästen, die mal nur auf eine Tasse Kaffee, mal für ein Wochenseminar, mal für eine Auszeit nach Plankstetten aufbrechen.

Und so dient die 1138 errichtete, dreischiffige romanische Kirche, die alle Kriege unbeschadet überstand, im Barock eine neue Innendekoration erhielt und durch ihre flache Decke auffällt, die eine spröde, ja forsche Raumatmosphäre erzeugt, vor allem als eine Pforte. Heute soll sie die Besucher in eine kurze, gerne aber auch in eine mehrtägige Klausur hineinziehen, die Gottes Schöpfung huldigt. Werktags sechs-, sonntags fünfmal kommen die 13 Mönche in ihr zum Gebet zusammen.

Adresse Benediktinerabtei Plankstetten, Klosterplatz 1, 92334 Berching, www.kloster-plankstetten.de | Öffnungszeiten Kirche täglich tagsüber frei zugänglich, Konfession: katholisch, Gottesdienst: So 7.30, 9 und 11.15 Uhr, Gebetszeiten siehe Website, Klosterschenke Di–So ab 11 Uhr; Hofladen, Basar und Buchhandlung siehe Website | Tipp Im südlichen Ausläufer des benachbarten Berching befindet sich eine architektonische Rarität: Die Wallfahrtskirche Maria Hilf ist ein lupenreiner Vertreter des Klassizismus.

60 Kapelle St. Quirin

Im Niemandsland der Geschichte

Bayerns Verwaltungsapparat mag exakt definieren können, wo die Grenze zwischen der Oberpfalz und Niederbayern verläuft. Die Menschen selbst tun sich da oft nicht ganz so leicht. Fährt man von Falkenstein, einem für seine imposante Burg berühmten Marktfleck, ins benachbarte Michelsneukirchen, wird am Ende eines langen Anstiegs deutlich, warum das so ist. Ein paar hundert Meter vor dem Ziel und genau dort, wo sich zum ersten Mal ein freier Blick auf die Berge des Bayerischen Walds öffnet, lauert am Straßenrand eine Kapelle. In ihrem Schatten ein Gehöft und ein paar Schritte weiter ein gemauertes, überdachtes Zollhäuschen.

Von 1329 an, als die Wittelsbacher ihr Territorium aufteilten, bis zur Wiedervereinigung der Oberpfalz und Bayerns 1623 stellte sich die Einöde all jenen quer, die von dem einen in den anderen Staat wechseln wollten. Womit auch ihr Name erklärt wäre: Quer-St. Quirin. Es ist also kein Zufall, dass das Kirchlein all jenen, die sich aus Falkenberg heraufplagen, ihre wehrhafte, durch eine abgeschrägte Stützmauer geprägte Seite zeigt. Wohingegen sie von Michelsneukirchen aus lieblich anzusehen ist. 1332 als Teil einer Grenzstation errichtet, trug sie das Ihre dazu bei, Fremde und Einheimische und nach der Reformation Gut und Böse voneinander zu separieren. Michelsneukirchen hatte sich im 16. Jahrhundert als Teil der Oberpfalz zum Protestantismus und Calvinismus zu bekennen. Falkenstein hingegen blieb katholisch. Oberpfälzer dürfen sich dessen Einwohner erst seit 1831 nennen.

Es empfiehlt sich, den Besuch des in den 1950ern innen neu gestalteten Kirchleins auf den dritten Sonntag nach Pfingsten zu legen. Als Niemandsland zwischen den Wittelsbacher Fronten war Quer-St. Quirin für den kleinen Grenzhandel prädestiniert. Vom Mittelalter bis 1969 wurde dreimal im Jahr Markt gehalten. Eine Tradition, die man 2002 – auf einen Tag beschränkt – neu belebt hat.

Adresse St. Quirin, Quer-Sankt Quirin 2, 93185 Michelsneukirchen-Quer-Sankt Quirin | Öffnungszeiten täglich tagsüber frei zugänglich, Konfession: katholisch, Gottesdienst: 3. So nach Pfingsten anlässlich des Quermarkts | Tipp St. Michael, die Pfarrkirche des Marktes Michelsneukirche, präsentiert sich seit ihrer Neugestaltung 1707 bis 1711 als eine typische barocke Dorfkirche mit prächtiger Ausstattung.

61 Mariä Heimsuchung

Von der Logik der Legenden

Ob eine Sage zu schön ist, um wahr zu sein, lasst sich unter anderem daran festmachen, ob sie in nur einem oder gleich in mehreren, mitunter weit voneinander entfernten Orten erzählt wird. Zum Beispiel: Rechberg, ein rund 200 Seelen kleines Dorf mit einer bildhübschen Wallfahrtskirche, das zu Beratzhausen gehört. Dort weiß man, dass einst der Herr von Ehrenfels bei der Jagd einen Hirsch in die Enge getrieben hat. Aber statt seiner Angst zeigt ihm das Tier eine Marienstatue, die niemand je zuvor gesehen hatte. Während es im oberbayerischen Weilheim ein im Boden vergrabenes Kreuz und der Jäger der bayerische Herzog war, der Hinweis kam dort von einer Hirschkuh. Der Edelmann von Ehrenfels, erzählt man sich in Rechberg weiter, gelobte, der Statue andernorts eine Kirche zu bauen. Wie in Hessental im Spessart trug eine höhere Macht das Baumaterial Nacht für Nacht an einen anderen Platz. Dorthin, wo Gott sein Haus gebaut haben wollte.

Im Inneren der Rechberger Kirche ist das doppelte Wunder gleich mehrfach dargestellt. Besonders hervorzuheben sind dabei zwei Deckenfresken des Langhauses, die den Beginn des Rechberger Wallfahrtswesens und die Zufriedenheit des Herrgotts mit seiner Entscheidung zeigen. Sie werden dem 1703 in Regensburg geborenen Otto Gebhard zugeschrieben, dem letzten Oberpfälzer Malergenie. Die ab 1716 Schritt für Schritt erneuerte, ganz auf das in den Hochaltar integrierte Gnadenbild ausgerichtete Kirche zählt mit Sicherheit zu den bezauberndsten, in sich ausgewogenen Schöpfungen des Rokoko, die in den Weiten der Oberpfalz zu finden sind.

Der wahre Kern, der in einer Sage steckt, ist übrigens an jedem Ort derselbe, an dem sie erzählt wird: Weil es Gott höchstpersönlich so entschieden hat, ist es legitim, dass Hunderte von Bauern, Knechte und Mägde ihre gut gefüllten Geldbörsen nicht in einen anderen Ort tragen, wenn sie auf Wallfahrt gehen.

Adresse Wallfahrtskirche Mariä Heimsuchung, Grottengasse 4, 93176 Beratzhausen-Rechberg | Öffnungszeiten täglich tagsüber frei zugänglich. Konfession: katholisch, Gottesdienst: siehe Pfarrbrief auf www.seelsorge-beratzhausen-pfraundorf.de; Wallfahrtsbetrieb am 2. Juli | Tipp Obwohl im Barock umgestaltet, ist der Kirche St. Martin im nahen Oberpfraundorf ihr romanischer Ursprung deutlich anzusehen.

62 Dom

Check-in ins Paradies

Wozu vom Regensburger Dom als einer der bedeutendsten, wenn nicht gar von der nach Köln zweitbedeutendsten gotischen Kathedrale in Deutschland sprechen? Das ist im selben Maß selbstverständlich wie der Beginn eines neuen Jahres am 1. Januar.

Als König Ludwig I. die 1810 in bayerischen Besitz gewechselte Bischofskirche zum ersten Mal sah, muss ihn ein gänzlich anderer Eindruck gequält haben. Verärgert über den Baustopp von 1525, der die Kathedrale ohne Türme zurückließ, vor allem aber über die Frechheit, das Innere mit barocken Altären und anderen Einbauten zu verhunzen, befahl er 1835 einen Rückbau in jenen Zustand, der den mittelalterlichen Baumeistern vorgeschwebt hatte, als sie sich 1275 an die Arbeit machten. »Frei schweift nun der Blick durch die majestätischen Hallen hin, nicht mehr gehemmt wie ehemals durch die hölzernen Bühnen und Logen«, jubelte Domdechant Melchior Diepenbrock anlässlich der Wiedereröffnung 1839. Die Fertigstellung der Türme erlebte der Monarch nicht mehr.

Mit Sicherheit gibt es keinen Leser dieses Buchs, der ihn noch nicht erlebt hat. Diesen einzigartigen Übergang. Niemand, der noch nie das gleißende Licht und mit ihm das Flirren, Knistern und Knattern des urbanen Meltingpots von Regensburg, seine Weite gegen die Enge einer oberhalb des Domplatzes gesetzten Schleuse getauscht hat. Der, nachdem ihn das Portal in das Halbdunkel einer Halle gespuckt hat, an das er sich erst einmal gewöhnen musste, nicht von einem Knäuel nachrückender Leiber weitergeschoben worden wäre. Hinein in die Unendlichkeit einer Wartezone, in der seit bald 750 Jahren Frauen, Männer, Junge, Alte, Dicke, Magere, ja überhaupt alle Erscheinungsformen, die die Spezies Mensch hervorzubringen vermag, den aufwendigen Check-in ins Paradies erledigen. Hier die Fakten und Details durchzugeben, würde den Rahmen sprengen. Bitte schließen Sie sich vor Ort einer Führung an.

Adresse Dom St. Peter, Domplatz 1, 93047 Regensburg, www.regensburger-dom.de | Öffnungszeiten täglich ab 6.30 Uhr; Führung täglich 14.30 Uhr, April–Okt. zudem Mo–Sa 10.30 Uhr, Konfession: katholisch, Gottesdienst: Mo–Sa 7 Uhr, So 10 und 12 Uhr | Tipp Aus dem Regensburger Dom entfernte Barockaltäre finden sich heute zum Beispiel in der Friedhofskapelle von Winklarn (nahe Oberviechtach) und der Pfarrkirche Unsere Liebe Frau in Neuenhammer (bei Waldthurn).

63_Dreieinigkeitskirche

Die Erfindung des Sitzens

Form follows function, lautet eines der Grundgesetze der Architektur. Zugeschrieben wird es dem 1852 verstorbenen Amerikaner Horatio Greenough. Der Stolz der evangelischen Gemeinde, die den Wirren des Dreißigjährigen Kriegs abgetrotzte Dreieinigkeitskirche, lässt allerdings keinen Zweifel: In Regensburg war die Formel schon 200 Jahre früher bekannt.

Mit den bisherigen Entwürfen unzufrieden, übertrug der Rat der Stadt 1627 die Aufgabe an den Nürnberger Hanns Carl, ein Gotteshaus zu konzipieren, das für die lutheranische Glaubenspraxis so exakt maßgeschneidert war, wie ein Deckel zum Topf passt. Seit der Einführung des Protestantismus 1542 hatte man mit Raumdesigns improvisieren müssen, die einen Predigtgottesdienst und die Kelchkommunion behinderten. Man wusste also genau, woran es in den alten, katholischen Kirchen hakte. Aber zumindest in Süddeutschland hatte noch niemand behaupten können, eine Lösung gefunden zu haben, wie sich die lange Liste an Mängeln bereinigen ließ.

Betritt man Hanns Carls Geniestreich, der 1631 unvollendet in Betrieb ging und dennoch bis heute weitestgehend unverändert blieb, sticht die zentrale Idee sofort ins Auge: ein Raum, in dem es von jedem Platz aus möglich ist, dem Geschehen am Altar und auf der Kanzel zu folgen, weil er ohne Säulen auskommt. Um die übrigen Innovationen wertschätzen zu können, hilft es, die Mängelliste durchzugehen. Im ausgehenden Mittelalter feierte der katholische Klerus das Hochamt bevorzugt unter seinesgleichen. Der einfache Gläubige ging in die Kirche, wenn er Zeit hatte. Er empfing die Kommunion an einem der Seitenaltäre, an denen Priester den ganzen Tag über Totenmessen lasen. Carl zog Emporen ein, stellte Kirchenbänke auf. In seinem Prototyp eines lutheranischen Kirchenbaus können 1.000 Personen konzentriert, weil sitzend, an einem gemeinschaftlichen Gottesdienst teilnehmen.

Adresse Dreieinigkeitskirche, Am Ölberg 1, 93047 Regensburg, www.dreieinigkeitskirche.de | **Öffnungszeiten** Kirche (zeitweise mit Ausstellung moderner Kunst) täglich 12–18 Uhr, Turmbesteigung Mi–So 12–18 Uhr, Konfession: evangelisch, Gottesdienst: So 10 Uhr | **Tipp** Wer sich eingehender mit der Ästhetik des evangelischen Kirchenbaus beschäftigen will, dem wird hiermit ein Streifzug zu den historischen Markgrafenkirchen der Region um Bayreuth empfohlen (www.markgrafenkirchen.de).

64 Heilig-Kreuz-Kirche

Unterricht als Überlebenstaktik

Säkularisation. Vorgeschichte. 1801. Wer erinnert sich? Eine chaotische Zeit! Napoleon hat sich alle deutschen Gebiete links des Rheins einverleibt. Den betroffenen Fürsten hat er versprochen, dass sie rechts des Flusses neue Territorien erhalten. Nur: Woher diese nehmen? Im Vertrag von Lunéville legt er fest, dass der Land- und sonstige Besitz der Bistümer, Klöster und Stifte enteignet und neu verteilt wird. Bleibt ein Problem: Einige Bischöfe sind zugleich weltliche Herrscher. Aus staatsrechtlicher Räson steht folglich auch der Kirche eine Kompensation zu. Die Lösung: 1803 erklärt man ein aus dem Boden gestampftes Fürstentum Regensburg zum Nachfolger aller kirchlichen Staaten. Sein Oberhaupt: der enteignete Mainzer Erzbischof Karl Theodor von Dalberg. Haken drunter: rechtmäßig!

Dahlberg ahnte, dass sein Fürstentum von kurzer Dauer sein würde, ihm nur wenig Zeit blieb, um zumindest ein paar der Regensburger Stifte und Klöster dauerhaft zu sichern – darunter das 1233 im damals noch unbebauten Westen der Altstadt gegründete Dominikanerinnenkloster Heilig Kreuz. Mit dem Ziel, es unersetzbar zu machen, verordnete er ihm eine neue Aufgabe. Widerstrebend gründeten die Nonnen eine Bildungsanstalt für Mädchen, die alte Kreuzschule, deren wuchtiger, vierstöckiger Baukörper durch eine Straßenbrücke mit dem Kloster verbunden ist. Das Experiment Fürstentum Regensburg wurde 1810 zugunsten des bayerischen Königs beendet.

Kaum ein Ausflügler würde hinter der schmucklosen Fassade der Klosterkirche ein Meisterwerk des Rokoko vermuten. 1751 beauftragten die Nonnen die besten Künstler ihrer Zeit mit der Ausgestaltung. Stuck von Johann Baptist Modler, der vor allem in Südbayern tätig war. Fresken von Otto Gebhard, dessen scheinplastische, farbenfrohe Kompositionen als stilprägend gelten und die Oberpfälzer Kirchenlandschaft mitgeprägt haben. Ein echter Geheimtipp.

Adresse Kloster und Kirche Zum Heiligen Kreuz, Am Judenstein 10, 93047 Regensburg, www.heilig-kreuz.org | Öffnungszeiten nur zu besonderen Anlässen, Konfession: katholisch, Gottesdienst: So 9.30 Uhr und – an hohen Feiertagen auf Latein – 17 Uhr | Tipp Die nur einen Steinwurf entfernte Kirche Herz Jesu mag manchem alt erscheinen, wurde aber erst in den 1920er Jahren erbaut.

65 Jüdisches Gemeindezentrum

Gemeinsam neu aufblühen

»Vergesset nicht«, beginnt ein Gedicht der in den 1980er Jahren viel gelesenen Rose Ausländer, aus dem der in Straubing geborene Tom Kristen ein lesbares Denkmal geformt hat. »Es ist unsre gemeinsame Welt / die ungeteilte / ach die geteilte / die uns aufblühen lässt«, heißt es weiter im kleinen Innenhof des mit Sicherheit wichtigsten sakralen Neubaus, über den sich die Regensburger in den letzten Jahrzehnten freuen durften. Vonseiten der jüdischen Gemeinde Regensburg, so deren Vorsitzende Ilse Danziger, gilt, dass die Türen des 2019 eröffneten, kantigen Baus allen offen stehen, »die in guter Absicht kommen«.

Rose Ausländer, 1901 im heute ukrainischen Czernowitz geboren, überlebte durch eine Kette günstiger Zufälle den Holocaust. Im Gegensatz zu rund 250 Regensburger Juden. Die letzten Stunden vor ihrer Deportation verbrachten sie dort, wo sich die Frauen jetzt wieder in einer Mikwe rituell reinigen, die Männer eine Kippa in den Haaren feststecken, Schabbat, Pessach, Bar-Mizwa gefeiert wird.

1912 an derselben Stelle eingeweiht, war das erste jüdische Gemeindezentrum ein Monument der Hoffnung, dass sich die Vorzeichen eines toleranten Miteinanders durchsetzen würden. Aber spätestens nachdem am Abend des 9. November 1938 Regensburgs Oberbürgermeister als Erster zur Synagoge geeilt war, wusste jeder, was als Nächstes kommen würde. Dass sie, so Rose Ausländer, »uns vernichtet / diese zerrissene / ungeteilte Erde / auf der wir / gemeinsam reisen«. Wer konnte, emigrierte. Denn der erste Mann der Stadt war nur gekommen, um die Feuerwehr abzuhalten, das vom einem 100-köpfigen Schlägertrupp in Brand gesetzte Gotteshaus zu löschen. Als 1942 die Deportationen in die Vernichtungslager begannen, hatten sich die Lämmer stets auf dem längst abgeräumten und enteigneten Grundstück für ihren Weg ins Schlachthaus zu versammeln.

Adresse Jüdisches Gemeindezentrum und Synagoge, Am Brixener Hof 2, 93047 Regensburg, www.jg-regensburg.de | Öffnungszeiten Bibliothek Mo – Do 11 – 14 Uhr, Fr bis 13 Uhr, Konfession: jüdisch, Gottesdienst: siehe Website | Tipp Vor der Eröffnung des ersten Gemeindezentrums 1912 trafen sich Regensburgs Juden in einem Betsaal, den sie sich im Altstadthaus in der Unteren Bachgasse 5 eingerichtet hatten.

66 Karmelitenkirche St. Josef

Hort des echten Glaubens

Auch wenn sich das katholische Regensburg längst daran gewöhnt hat, dass die meisten Kirchenbesucher Touristen sind, in einem Gotteshaus ist ihre Neugierde nur bedingt willkommen. Bis heute ist die Kirche des Karmelitenklosters St. Josef, das 1660 bis 1673 an eine besonders exponierte Stelle der Altstadt, den Alten Kornmarkt, gesetzt wurde, für jene reserviert, die sich durch die Beichte und die Anbetung des Allerheiligsten ihrer Sünden entledigen wollen. Unentwegt strömen Gläubige herein. Vom frühen Morgen bis zum Verklingen des Salve Regina gegen 17 Uhr.

Besucher mögen das vergleichsweise bescheiden ausdekorierte Gotteshaus daher bitte nicht flanierend, sondern sitzend und schweigend in Augenschein nehmen. Kein Fotografieren! Männer nehmen beim Betreten ihre Kopfbedeckung ab. Man bekreuzigt sich mit Weihwasser, das am Eingang bereitsteht, geht dabei, sich dem Altar zuwendend, mit einem Bein in die Knie. Der Lohn: eine einzigartige spirituelle Atmosphäre.

Angesiedelt wurden die Unbeschuhten Karmeliten (der reformierte, zu Armut und Askese verpflichtete Ordenszweig) aus politischen Gründen. Regensburg war damals evangelisch dominiert, verwehrte den Katholischen das Bürgerrecht. Keine guten Voraussetzungen für den Kaiser, der auf den Reichstagen immer auch den deutschlandweiten Status quo der Konfessionen im Auge behalten musste. Die Brüder von St. Josef verstanden es, sich durch die Pflege der Kranken unverzichtbar zu machen. Dass sie auch die Säkularisation vergleichsweise glimpflich überstanden, ist dem schmackhaften Echten Regensburger Karmelitengeist zu verdanken, den sie noch heute produzieren. 1810 bis 1836 wurde allerdings auch ihre Kirche als Lagerhaus zweckentfremdet. Für die Wiedereröffnung musste sie neu eingerichtet werden. Der barocke Hauptaltar stammt aus dem zurückgebauten Regensburger Dom, die Seitenaltäre unter anderem aus St. Kassian.

Adresse Karmelitenkirche und Kloster St. Josef, Alter Kornmarkt 7, 93047 Regensburg, www.karmelitenkloster-stjoseph.de | Öffnungszeiten täglich 6–17 Uhr, Konfession: katholisch, Gottesdienst: Mo–Sa 6.30 und 10 Uhr, 16.25 Rosenkranz, So 7.30 Uhr und 9.45 Uhr; 16.–24. Dez. täglich 16.30 Uhr Christkindl-Andacht | Tipp In Regensburgs zweiter, deutlich älterer Karmelitenkirche St. Oswald wird der Gottesdienst seit 1552 nach dem evangelisch-lutherischen Ritus gefeiert.

67 Maria-Läng-Kapelle

Von der Größe der Mutter des Herrn

Nirgends sonst, noch nicht einmal in der stets von Gebeten erfüllten Karmelitenkirche St. Josef, lässt sich der spezifischen Regensburger Spielart des Katholizismus besser nachspüren als hinter einer dunklen, nur einen Steinwurf vom Domplatz entfernten Holztür. Man sieht ihr nicht an, dass sie in einen barocken Betsaal führt. Erst bei ganz genauem Hinsehen fällt dann doch eine architektonische Besonderheit auf. Beim Nachbarhaus. Dessen Erdgeschoss ist fensterlos, aber oben im ersten Stock gibt es zwei tiefe, halbrunde, für barocke Sakralbauten typische Oberlichter.

Die bis 1881 frei stehende, schmale, gerade einmal 30 Quadratmeter kleine Kirche, in der immer mindestens ein Gläubiger den Rosenkranz betet, wurde 1675 einer zweiten aufs Dach gesetzt. Domherr Albert Ernst Graf von Wartenberg hatte die vorherige Bebauung des Areals abreißen lassen. Dabei waren römische Mauern zum Vorschein gekommen. Da sie unterhalb des damaligen Straßenniveaus lagen und von Wartenberg auch Knochen fand, ging er von einer mit Rom ebenbürtigen Katakombe aus. Die von ihm in die antike Struktur eingefügte, 1881 in den Keller des heutigen Hauses integrierte untere Kapelle ist ebenfalls erhalten, aber nicht zugänglich.

Regensburgs Katholiken glauben nicht, sie wissen, dass ihnen die Heiligen – und unter diesen zuvorderst Maria – bei Krankheit, Problemen aller Art, aber auch prophylaktisch zur Seite stehen. Sofern das Konvolut der Kommunikationsmittel richtig angewandt wird: Vaterunser, Ave-Maria, Bittgebete, Rosenkranz, Kerzen, Zettel, Votivgaben, Geld. Speziell für die Ansprache der Gottesmutter bietet Maria Läng einen entscheidenden Vorteil: Ihr Gnadenbild entspricht exakt der Körpergröße – im Volksmund: Länge – der Kapellenpatronin. Wer die Heilige Jungfrau an diesem Ort um Fürsprache bittet, steht ihr daher unmittelbar gegenüber. Er kommt ihr näher, als es in anderen Kirchen möglich ist.

Adresse Maria-Läng-Kapelle, Pfauengasse 2, 93047 Regensburg | Öffnungszeiten täglich tagsüber frei zugänglich, Konfession: katholisch, Gottesdienst: nur zu besonderen Anlässen | Tipp Jenseits der Donau, in Stadtamhof, entstand 1697 bis 1717 auf den Resten eines im Dreißigjährigen Krieg zerstörten Chorherrenstifts das Barockwunder St. Andreas und St. Mang.

68 Maria Schutz

Es gab kein Zurück

Wo nicht die Donau wie beiläufig der Aufgabe nachkommt, die Regensburger Altstadt von den wild wuchernden Vororten abzuschirmen, erledigt dies die Fürst-Anselm-Allee, ein 1779 über der nicht mehr benötigten Stadtbefestigung angelegter Grünstreifen. Scharen an Spaziergängern, Skatern und Radfahrern nutzen ihn als Zubringer in die grüne Lunge der City, den gut acht Hektar großen Stadtpark. Was nur wenige wissen: Neben etlichen profanen Attraktionen für Groß und Klein haben dort auch religiöse Bräuche ihren festen Platz.

Mai 1945. Nachdem die US Army Hitlerdeutschland befreit hatte, war das Elend, in das eine selbst ernannte Herrenrasse ganz Europa gestürzt hatte, noch lange nicht vorbei. 13 Millionen Zwangsarbeiter, die zumeist aus Polen, Weißrussland, der Ukraine und der Sowjetunion ins Deutsche Reich verschleppt worden waren, warteten – meist in Übergangslagern – auf eine Zukunftsperspektive. Da Stalin sie als Vaterlandsverräter betrachtete, mit Deserteuren gleichsetzte, konnten nur wenige in ihre Heimat zurückkehren. Deshalb machte sich das evangelische Pfarramt 1946 dafür stark, seinen russisch-orthodoxen Kollegen eine Kapelle zu überlassen, die seit 1936 leer stand. Damals kümmerten sich zwei Priester, ein Diakon, ein Psalmist und eine von der Schwiegertochter Fjodor Dostojewskis angeführte Schwesternschaft um 2.000 Displaced Persons. In den folgenden Jahrzehnten auf 200 Mitglieder geschrumpft, bewahrte die Einwanderung der Russlanddeutschen die Gemeinde in den 1990ern davor, sich mangels Mitgliedern auflösen zu müssen.

Die beste Zeit, um zumindest einen schnellen Blick in die mit Ikonen ausgekleidete Kapelle zu erhaschen, ist kurz vor dem Gottesdienst, der am Samstag um 17 Uhr und am Sonntag um 10 Uhr beginnt. Das kleine, mitten in den Park platzierte Kirchlein gehörte ursprünglich zu einem Friedhof, den man in den 1920er Jahren bis auf wenige Steine abgeräumt hat.

Adresse Maria Schutz, Prüfeninger Straße 18, 93049 Regensburg, www.pokrova.de | Öffnungszeiten nur zu besonderen Anlässen, Konfession: russisch-orthodox, Gottesdienst: Sa 17 Uhr, So 10 Uhr, weitere siehe Website | Tipp In Amberg gibt es ebenfalls eine russisch-orthodoxe Gemeinde, sie baute 1949 eine Baracke zur Peter-und-Paul-Kirche um, in der sie noch heute ihre Gottesdienste feiert.

69 Minoritenkirche

Auch als Trainingshalle geeignet

Der bedeutendste der vielen Grabsteine, die in der Monumentalkirche der Regensburger Franziskaner bestaunt werden wollen, ist für Tierfreunde ein Denkmal des Grauens. 1862 entdeckte der Hobbyhistoriker Carl Woldemar Neumann die 1272 gefertigte Steinplatte im Weißgerbergraben, wo sie im Fußboden verbaut worden war. Auf den fanatischen Prediger, an den sie erinnert, geht die traurige Tatsache zurück, dass es keine komplett schwarzen Katzen gibt. Dass es sie nicht mehr gibt! Wäre es nach Berthold von Regensburg gegangen, hätte das Volk in den Samtpfoten jedweder Färbung den Teufel erkannt und sie inklusive ihrer Besitzer auf dem Scheiterhaufen verbrannt.

Als der Scharfmacher des Papstes in den 1240ern in Regensburg eine Mäuseplage heraufbeschwor, befand sich östlich der Stadtmauer lediglich eine Kapelle, neben der man für die Brüder des eben erst gegründeten Franziskanerordens eine Unterkunft hochgezogen hatte. Ab 1255 überbauten die Gefolgsleute Franz von Assisis das Areal mit einem monumentalen, raumgreifenden Klosterkomplex. 1931 übernahm die Stadt Regensburg die Gemäuer, um ihre Sammlungen zur lokalen Geschichte der Öffentlichkeit zugänglich zu machen. Wer alles gesehen haben will, muss mehrere Tage einplanen.

Misswirtschaft, Korruption und Zweifel an der eigenen Glaubensdoktrin läuteten im 16. Jahrhunderts den Niedergang des Klosters ein, das sich bei der Spaltung des Ordens 1517 dem Zweig der Minoriten anschloss. Aus heutiger Sicht ein Glücksfall, denn dadurch fehlte ihm das Geld, die sensationell schöne, gotische, mit einer flachen Holzdecke verschlossene Kirche den Moden der Zeit anzupassen. Noch vor dem Anschluss Regensburgs an Bayern wurde das Kloster in eine Kaserne umgewandelt. Die Kirche diente jetzt als überdachter Exerzierplatz, auf dem die Soldaten das Marschieren übten. Ein kurioses Detail, das ihre überwältigende Größe unterstreicht.

Adresse Minoritenkirche St. Salvator / Historisches Museum, Dachauplatz 2-4, 93047 Regensburg | Öffnungszeiten Di–So 10–16 Uhr, Konfession: ehemals katholisch, Gottesdienst: 14. Dez. (Gedenkgottesdienst für Berthold von Regensburg) | Tipp In der Regensburger Altstadt erinnert der Name Augustinerplatz an ein Augustinerkloster, dessen im 13. Jahrhundert erbaute Kirche 1838 abgerissen wurde.

70__Neupfarrkirche

Viel zu früh ein Star

Wie ein großer Bruder behält der Dom die einzige Altstadtkirche stets im Auge, die sich ihrem Publikum wie ein Model auf dem Laufsteg von allen Seiten präsentiert. Er weiß, dass sich die Neupfarrkirche ob ihres Privilegs, gänzlich frei von Anbauten zu sein, gerne eine jener Allüren erlaubt, die für Kinderstars typisch sind. In jungen Jahren zu prominent – das hat sich im Erwachsenenalter noch immer gerächt!

Auf dem Platz, den der schlanke Renaissancebau ganz für sich allein beansprucht, entstand bis zum 21. Februar 1519 das jüdische Viertel von Regensburg. Mit rund 30 Häusern zählte es zu den größten im Deutschen Reich. Bis vor Kurzem glaubte man, die Neupfarrkirche würde auf den Fundamenten der Synagoge aufsitzen, die man in einem akribisch vorbereiteten Anflug von Raserei aus dem Stadtbild getilgt hatte. Die Pläne waren längst ausgearbeitet, als der Mob alle Juden aus der Stadt trieb und den Bauplatz freiräumte. Um ein Mahnmal an das Pogrom von 1519 gebeten, lokalisierte der israelische Künstler Dani Karavan das jüdische Gotteshaus westlich der Neupfarrkirche. 2005 ließ er dem Platz sein Bodenrelief einschreiben.

Wohl ebenfalls vor dem Pogrom war beschlossen worden, dass sich das eigentliche Problem Regensburgs, seine desolate Wirtschaft, nur durch ein Wunder würde lösen lassen. Es geschah, als der Abbruchhelfer Jakob Kern vom Gerüst fiel, tot hätte sein müssen, aber am nächsten Morgen zur Arbeit erschien. Einer der größten Wallfahrtsströme setzte sich in Gang, den Bayern je gesehen hat. 1528 wurden die Bauarbeiten dennoch wegen klammer Kassen eingestellt. Wegen des ewigen Gezänks wirft der große Bruder ein, wie die Wallfahrtsgelder aufzuteilen sind! Seither sind seine Blicke voller Sorgen. Denn der Kleine konvertierte. Übellaunig, wie Kindestars halt sind. 1542 wurde aus dem Torso Regensburgs erste rein evangelische Kirche.

Adresse Neupfarrkirche, Neupfarrplatz 1, 93047 Regensburg, www.neupfarrkirche.de | Öffnungszeiten täglich ab 10 Uhr frei zugänglich, Konfession: evangelisch, Gottesdienst: siehe Website | Tipp Die Keller und andere Hinterlassenschaften, die die Regensburger seit den Tagen der antiken Römer unter dem Neupfarrplatz hinterlassen haben, können im Rahmen von Führungen begangen werden (Start: Do, Fr, Sa 14.30 Uhr, Juli / Aug. auch So, Mo 14.30 Uhr, Ticktes Tabak Götz, Am Domplatz 6).

71 Niedermünster

So schön ist eintönig

Nicht im Dom, sondern in der einen Steinwurf entfernten Kirche des Damenstifts Niedermünster fand der dritte Stadtheilige von Regensburg, der um 717 verstorbene Wanderbischof Erhard, seine letzte Ruhestätte. Die Wahl des Begräbnisorts legt die Schlussfolgerung nahe, dass das etwas abseits des urbanen Lebens platzierte Gotteshaus in der innerkirchlichen Hierarchie ganz weit oben gestanden haben muss. Schließlich ließ sich der Stellenwert eines Klosters am Besitz wichtiger Reliquien bemessen. Nur St. Emeram war dank der Gräber des namensgebenden Bistumsgründers und des heiligen Wolfgang noch besser ausgestattet.

Das Niedermünster geht auf den bayerischen Herzog Tassilo II. zurück. Mitte des 8. Jahrhunderts ließ er auf dem Areal seiner Regensburger Residenz ein Kirchlein erneuern und schloss ihm ein Kloster für Damen aus adeligem Haus an, für die ihre Väter keine standesgemäße Partie gefunden oder die sie aus machtpolitischen Erwägungen vom überhitzten Heiratsmarkt genommen hatten. Da sich das Stift Niedermünster nie einem Orden anschloss, führten die Fräulein dort ein Leben ohne fromme Zwänge. 1002 wurde es zur Reichsabtei erhoben – zu einem eigenständigen Staat. Sitz und Stimmrecht auf dem Reichstag inklusive.

Der heutige Baukörper der Stiftskirche entstand 1140 bis 1150. Im Barock ließen die edlen Damen die Decke äußerst bescheiden ausmalen: nur mit Ornamenten und nur in Grautönen. Diese als Grisaille bezeichnete Art der Dekoration ist in Regensburg einzigartig. Im nördlichen Seitenschiff – vom Eingang aus gesehen links – reihen sich unter einem Ziborium, einem Haus-im-Haus, die im Lauf der Zeit zusammengetragenen Reliquien aneinander. Neben den Gebeinen Erhards wussten die ewigen Jungfrauen dessen Stola und seinen Bischofsstab ihr Eigen. Bleibt noch, die Gebeine Albert von Cashels, Kunigunde von Uttenhofens und der heiligen Gisela zu nennen.

Adresse Dompfarrkirche Niedermünster, Niedermünstergasse 6, 93047 Regensburg | Öffnungszeiten täglich tagsüber frei zugänglich, Konfession: katholisch, Gottesdienst: Di, Do, Sa/So 18 Uhr; Führung durch die archäologischen Ausgrabungen unter der Kirche Mai–Okt. So und Mo 14.30 Uhr | Tipp Über die sogenannte Erhardikrypta, eine wenige Meter hinter dem Niedermünster ausgegrabene, romanische, 1892 rekonstruierte Kapelle, weiß man so gut wie nichts.

72 Schottenkirche

Und noch ein Superlativ

»Ich ließ der Puritaner dumpfe Predigtstuben, die Heimat hinter mir«, schwadroniert in Friedrich Schillers »Maria Stuart« das Heißblut Mortimer, das sein Intrigenspiel mit der schwersten aller Sünden, dem Selbstmord, bezahlen wird. »In schnellem Lauf durchzog ich Frankreich, das gepriesene Italien mit heißem Wunsche suchend.« Die historische Figur, von der sich der Dramatiker inspirieren ließ, kann jeder geschichtsversierte Regensburger im Schlaf benennen. 1562 flüchtete der Beichtvater der Königin von Schottland aufs europäische Festland. 1577 weilte Ninian Winzet in Rom, wo ihn der Papst zum Abt eines Klosters erhob. Der Konvent war um 1090 droben im nassen, kalten Regensburg von Benediktinermönchen gegründet worden, die ebenfalls ihrer britischen Heimat Lebewohl gesagt hatten.

Die wohl 1120 vollendete, von Anfang an instabile und deshalb um 1180 bis auf die markanten Türme von Grund auf erneuerte Klosterkirche trägt einen Superlativ, mit dem Regensburg an allen Ecken und Enden um sich wirft. Auch diese, von tief eingehängten Rundbögen in drei Schiffe gegliederte, betörend schöne, mit einer flachen Holzdecke geschlossene, menschengeschaffene Höhle zählt zu den bedeutendsten Bauwerken der Romanik in Deutschland. Ein Prädikat, dem erneut nur eines hinzuzufügen ist: Zustimmung.

Wer die schlichten Raumwunder der Romanik zu schätzen weiß, sollte stark sein und sich das ganz Besondere für später aufheben. Damit er, wie bei einem Nachtisch, den der Kellner irrtümlich bereits mit der Suppe aufgetragen hat, nicht bereits vor dem Hauptgang satt an Eindrücken ist. Bis heute ringen Kunsthistoriker vergeblich um eine Deutung des mit realistischen Figuren, Fabelwesen und offenkundig symbolhaften Ornamenten gespickten, um 1150 entstandenen Eingangsportals. Um zündende Ideen, was uns das von einem gläsernen Vorbau geschützte Unikat sagen will, wird gebeten.

Adresse Schottenkirche St. Jakob, Jakobstraße 3, 93047 Regensburg, www.schottenkirche.de | Öffnungszeiten täglich 8–18 Uhr; Führung siehe www.domplatz-5.de, Konfession: katholisch, Gottesdienst: So 9 Uhr, weitere siehe Website | Tipp Das unweit des Regensburger Hauptbahnhofs gelegene, 1806 erbaute, von der bulgarisch-orthodoxen Gemeinde genutzte Peterskirchlein soll an Weih St. Peter erinnern, das ursprüngliche, um 1070 von einem irischen Mönch gegründete Schottenkloster, das wenige Jahre später an seinen heutigen Standort verlegt wurde.

73__St. Ägid

Nur noch Ritter im Kopf

Wollte der Deutsche Orden seine Kirche vor der Bevölkerung verstecken, als er sich 1683 einen neuen, größeren Wohntrakt gönnte? Weshalb entschied sich die Organisation, die ihren spektakulären Reichtum andernorts hemmungslos zur Schau stellte, in Regensburg für eine rein funktionale, von Armut kündende Fassade? Ein gotischer Chor, der am Rand des Ägidienplatzes an ein schmuckloses Gebäude andockt, und ein zierlicher Glockenturm lassen keinen Zweifel, dass es auch in diesem stillen, von den Touristen allzu gerne übersehenen Eck der Altstadt ein sakrales Schatzhaus zu entdecken gäbe. Aber wo ist der Eingang?

Speziell für Familien, die im Dom, in St. Emmeram und Regensburgs anderen Monumentalhallen die Erfahrung machen mussten, dass sich ihr Nachwuchs überfordert, ja verloren fühlt, ist die Deutschordenskirche St. Ägid ein lohnender Geheimtipp. Weil das dreischiffige Kleinod im selben Maß überschaubar und verschachtelt ist, an den Wänden Grabmale vermeintlicher Helden lehnen und sich an den Gewölben Bänder mit Wappen entlangziehen, präsentiert es sich im Inneren genau so, wie sich das kindliche Gehirn eine Ritterkirche wünscht.

Man betritt St. Ägid (auch St. Ägidius oder Ägidiuskirche) über eine kleine Vorhalle, die sie sich mit einem Seniorenheim teilt. 1884 wurde die damals barocke Gebetsstätte auf den Stand des 15. Jahrhunderts zurückgebaut, die Zeit der letzten Ritter. Beziehungsweise so neu gestaltet, wie man sich damals eine gotische Kirche vorstellte: als dunkle, nur spärlich dekorierte Höhle. Eine Fehlinterpretation, die dank eines freundlichen Lichtkonzepts und der Freilegung spätmittelalterlicher Fresken korrigiert wurde. Der Deutsche Orden wurde während des dritten Kreuzzugs 1189 gegründet. Er bot nachgeborenen Adeligen die Möglichkeit, sich durch Krankenfürsorge und den militärischen Schutz der Christenheit zu profilieren.

Adresse St. Ägid (St. Ägidius, Ägidiuskirche), Ägidienplatz 6, 93047 Regensburg, www.deutschordenshaus-regensburg.de | Öffnungszeiten täglich tagsüber frei zugänglich, Konfession: katholisch, Gottesdienst: beinahe täglich, Zeiten anfragen über die Website | Tipp Der barocke Hochaltar von St. Ägid steht heute in der Wallfahrtskirche Maria Hilf in Fuchsmühl, einem kleinen Marktfleck bei Tirschenreuth.

74 St. Emmeram

Labyrinth mit Heiligen

Von außen präsentiert sich die berühmteste aller Regensburger Klosterkirchen als chaotisch verschachtelt. Dieser erste Eindruck wird sich noch einmal steigern, hat man nach einem Torhaus, einem Garten und einer Vorhalle endlich die Eingangstüre erreicht. Dahinter: ein weitläufiges Labyrinth aus einem lichten, verspielt farbenfrohen Langhaus, zwei schwermütigen Seitenschiffen, zwei gigantisch hohen, kubisch-kantigen Hallen, drei Krypten und einer – leider nicht zugänglichen – Nebenkirche, in dem nichts zum anderen zu passen scheint. Da St. Emmeram sein wahres Ich erst dann offenbart, wenn man seine Geschichte kennt und auf Details hingewiesen wird, folgender dringender Tipp: unbedingt an einer Führung teilnehmen!

Bestimmt ein Dutzend Heilige haben in dem Kulturschatz von Weltrang ihre letzte Ruhestätte gefunden. Der Namensgeber, der wohl in Frankreich geborene Wandermissionar Emmeram, gab sich um 690 als Geliebter Uta de Bavarias aus, um die Tochter des bayerischen Herzogs und den Mann zu schützen, der sie in Wirklichkeit geschwängert hatte. Daraufhin wurde er von Utas Bruder ermordet. Man bestattete ihn auf einem noch von den Römern angelegten Friedhof. Um 739 ließ der heilige Sintpert ein Kloster bauen. Trotz etlicher Feuersbrünste, die dem Gebäude arg zusetzten, wurde dessen vorromanische Kirche nie von Grund auf überbaut. An St. Emmeram wurde lediglich fast 1.000 Jahre lang herumgeflickt – zuletzt durch die Barockisierung des Langhauses 1731.

Auf Basis einer Urkunde des ebenfalls in der Basilika bestatteten Königs Ludwig das Kind (893–911) erhielt das Kloster im selben Jahr den Status eines eigenständigen Staates (Fürstentums). Eine Fälschung! Aber der Abt stand jetzt mit dem bayerischen Herzog auf Augenhöhe. Mit der Säkularisation wurde St. Emmeram zur Pfarrkirche. Den Konvent ließ sich sein neuer Besitzer, der Fürst von Thurn und Taxis, zu einem Schloss umbauen.

Adresse Kirche und Kloster St. Emmeram, Emmeramsplatz 3, 93047 Regensburg, www.dompfarreiengemeinschaft.de; Schloss mit Museen www.thurnundtaxis.de | Öffnungszeiten Kirche täglich tagsüber frei zugänglich, Termine für Kirchenführungen: www.domplatz-5.de, Konfession: katholisch, Gottesdienst: Mo und Fr 18 Uhr, So 10.30 Uhr; Schloss und Museen siehe Website | Tipp Von zwei Freveln wissen die Räume der Cocktailbar Wuid & Schee (Unter den Schwibbögen 1) zu erzählen. 1476 entsorgte dort ein Kirchendieb unabsichtlich mitgestohlene Hostien. 1542 wandelte der Hausbesitzer die deshalb eingerichtete Kapelle in ein Wirtshaus um.

75__St. Johann

Nicht von schlechten Eltern

Wir Menschen haben ein Auge darauf, dass bei uns nicht passiert, was in vielen Tierfamilien die Regel ist: Die stärkeren Geschwister hungern die schwachen aus. Und ihre Eltern? Störche zum Beispiel. Die stoßen jene Kinder vorsorglich selbst aus dem Nest, von denen sie meinen, dass sie dem Konkurrenzkampf nicht gewachsen sind.

Beinahe hätte auch jene Regensburger Kirche das Schicksal eines zu zartbesaiteten Kükens ereilt, die, gemessen an ihrer Lage an der Tourimeile Dom-Donau, auffällig wenige Besucher in ihren Bann zieht. Das dem Anschein nach barocke, innen aber erst nachträglich auf Barock getrimmte Gotteshaus des Kollegiatstifts St. Johann, in dem katholische Geistliche ihren Lebensabend verbringen, kann nun einmal nicht mit den berühmteren Schatzhäusern Regensburgs mithalten. Größte Attraktion: eine Reliquie des 2005 verstorbenen Papstes Johannes Paul II., eine Phiole mit seinem Blut.

Mit seiner Gründung 1127 übernahm das Stift eine damals bereits 200 Jahre alte bischöfliche Taufkirche, die sich westlich an den damals noch wesentlich kleineren Dom anschloss und die im 10. Jahrhundert durch eine stattliche Halle ersetzt wurde. Als man 1275 begann, den Dom grundlegend neu zu gestalten, stand Alt-St. Johannis der Vision eines gotischen Prestigebaus im Weg. Die Stiftsherren besonnen sich auf die Waffe der kleinen Geschwister, den Trotz. Wieder und wieder zögerten sie die Verhandlung über eine Entschädigung in die Länge. Erst 1380 – mit fast 100 Jahren Verspätung – konnte der Bischof seiner Dombauhütte endlich das Go zum Abriss und zum anschließenden Bau des westlichen Teils seiner Kathedrale geben. 1766 wurde der gotische Ersatzbau, den er für das Kollegialstift errichten lassen musste, dann durch die heutige Kirche St. Johann ersetzt, die aber leider – vielleicht eine späte Strafe – 1887 bis zur Unkenntlichkeit ausbrannte. Man unterschätzt die Kleinen besser nicht!

Adresse Kirche und Kollegialstift St. Johann, Kräutermarkt 4, 93047 Regensburg, www.kollegiatstift-stjohann.de | Öffnungszeiten täglich tagsüber frei zugänglich, Konfession: katholisch, Gottesdienst: täglich 8 Uhr, weitere siehe Website | Tipp Zwischen der Regensburger Obermünsterstraße und dem St.-Peters-Weg stand einst das Mittelmünster, ein 983 gegründetes Nonnenkloster und späteres Damenstift.

76__St. Kassian

Schönheit, die nicht glänzt

Der Vatikan kennt 6.650 Heilige – darunter einige, bei denen man sich schon die Frage stellt, ob sie es darauf anlegen, zum Kasperl erklärt zu werden. Nehmen wir St. Gangolf. Der bestrafte seine Frau für ihren Ehebruch posthum mit derart starken Blähungen, dass sie explodierte. Oder St. Kassian, den Schutzpatron der Lehrer. Seine Schüler traktierten ihn im 4. Jahrhundert mit ihren spitzen Schreibgeräten, bis er tot war. Inoffiziell, weil er sie ständig schlug. Offiziell, weil er nicht damit aufhörte, im Unterricht von Jesus zu schwärmen.

Dass die Deckengemälde auch in jüngster Zeit niemandem aufgestoßen sind, die in St. Kassian das Wirken und das Martyrium des Missionars und Kirchenpatrons schildern, dürfte auch dem Skandal um das Erziehungsinstrument Gewalt bei den Regensburger Domspatzen, vor allem aber einem anderen Freskenzyklus geschuldet sein. Soll, ja muss man anlässlich der bei der letzten Sanierung der Pfarrkirche hitzig geführten Diskussion ein Monumentalbild zumindest abdecken, das die Vertreibung der Juden aus Regensburg 1519 als ein glorreiches Geschenk an die Gottesmutter feiert? Es stammt von 1758. Damals erhielt das 1.150 Jahre alte, seit seiner Gründung als Gebetsstätte für das Fußvolk der Kaiser wieder und wieder umgebaute Gotteshaus innen ein komplett neues Aussehen. Finanziert wurde diese letzte grundlegende Umgestaltung des romanisch-gotischen Baukörpers durch die Wiederaufnahme jener Wallfahrt, die man zwei Monate nach der Ausweisung der Juden ins Leben gerufen hatte, um die Synagoge schnellstmöglich mit der Neupfarrkirche zu überbauen. Das Gnadenbild der Schönen Maria prangt im rechten Seitenaltar.

Als wäre es sich all dessen bewusst, verströmt St. Kassian eine für ein Meisterwerk des Rokoko auffallend düstere, gedrückte Stimmung. Weil das Bodenniveau 1758 deutlich erhöht wurde, fällt vor allem in die Seitenschiffe zu wenig Licht.

Adresse Stiftspfarrkirche St. Kassian, Malergasse, 93047 Regensburg | Öffnungszeiten täglich tagsüber frei zugänglich, Konfession: katholisch, Gottesdienst: So 11 Uhr | Tipp Bei einer Führung durch das Alte Rathaus (document Reichstag) kommt man auch zu dessen Lochgefängnis, in dem ein Grabstein des 1519 geplünderten jüdischen Friedhofs als Toilettensitz diente.

77 St. Ulrich

Dem Kini sei gedankt

Wenn die um 1225 an die Regensburger Residenz angebaute Privatkirche der bayerischen Herzöge mal wieder von sich reden macht, haben die Restauratoren Konjunktur. Seit der Reformation geht das nun schon so. St. Ulrich, 1880 in ein Museum umgewandelt, ist eine ewige Baustelle. In ihrem mittelalterlichen Ambiente kommen frühe Meisterstücke der Goldschmiedekunst und die Bischofsstäbe der beiden Stadtheiligen Emmeram und Wolfgang perfekt zur Geltung. Aber leider: Wieder einmal ist die Sammlung wegen Renovierung geschlossen. Auf unbestimmte Zeit.

Oh ja, es ist berechtigt, über den Kunstgeschmack des bayerischen Königs Ludwigs I. zu lästern, der das griebige Alt-München in ein großmäuliges, kaltherzig-arrogantes Isar-Athen verwandelte. Im Fall von Regensburg aber hatte er ein glückliches Händchen. 1835 kam im Zuge der Re-Gotisierung des Doms neben der Frage der Vollendung der Türme auch die einer Neugestaltung des ihm vorgelagerten Platzes auf – und damit die der Zukunft von St. Ulrich. Ludwig verhinderte den Abriss des über die Jahrhunderte mal solide, mal irgendwie geflickten, raumgreifenden Gotteshauses. Für ihn war die Gotik das Maß aller Dinge. Obwohl dieser Baustil im damals als Erbfeind titulierten Frankreich entwickelt worden war.

Wie Ludwig wusste, war St. Ulrich eine der allerersten Kirchen des neuen Stils, die in Deutschland gebaut wurden. Ein Bindeglied zwischen der romanischen Tradition und den lichtdurchfluteten, zum Himmel strebenden Großkathedralen von Köln und Ulm. Am besten lässt sich der Übergang erkennen, wenn man um den Prototyp herum, von der schmalen zu seiner Längsseite läuft. Die Mauern wirken, als wären sie in ein Stützkorsett aus Pfeilern und Streben eingehängt. Sie haben nicht mehr die Aufgabe, die Eigenlast des Gebäudes zu tragen. Die Voraussetzungen sind geschaffen, um sie im nächsten Schritt zugunsten großer Fensterfronten wegzulassen.

Adresse Museum St. Ulrich, Domplatz 2, 93047 Regensburg, www.bistumsmuseen-regensburg.de | Öffnungszeiten auf unbestimmte Zeit geschlossen, Konfession: profaniert, Museum, Gottesdienst: nie | Tipp Der Domschatz, das zweite Museum des Bistums, befindet sich in der ehemaligen Bischofsresidenz und ist vom Dom und vom Krauterermarkt aus zugänglich.

78 Zur Alten Kapelle

Diese gewieften Bamberger …

Die Frage, was war zuerst da, kann im Fall von Ei und Huhn nicht beantwortet werden. Dasselbe gilt für einen Juno-Tempel des römischen Castra Regina und eine Sage, der zufolge der heilige Rupert von Salzburg um 710 über einem solchen Tempel den ersten christlichen Kultort Regensburgs errichten ließ. Da der Untergrund der im Volksmund schlicht Alte Kapelle genannten Stiftskirche noch darauf wartet, archäologisch untersucht zu werden, ist vieles denkbar. Sogar, dass der Urknall des bayerischen Christentums, die Bekehrung und Taufe des Herzogs Theodo II., die sich in ihren Mauern zugetragen haben soll, reine Dichtung ist.

Was man weiß: Im Jahr 1002 nahm sich der deutsche König Heinrich II. einer an der nordöstlichen Ecke der Römerstadt gelegenen Kirchenruine an. Er baute das Gotteshaus neu auf, erweiterte es um ein Kollegialstift (ein Männerkloster, das keinem Mönchsorden angehört) und schenkte beides dem von ihm gegründeten Bistum Bamberg. 800 Jahre lang, bis zur Säkularisation, war das am Rand des Dombezirks gelegene Ensemble ein Stachel des fränkischen Bischofs im Regensburger Fleisch. Details über die Feindschaft entnehmen Sie bitte den Deckenfresken des Langhauses, die 1752/53 im Zuge der letzten großen Umgestaltung entstanden.

Die größte der zahlreichen Gemeinheiten, mit denen das Kollegialstift dem Regensburger Bischof zusetzte, befindet sich in einer 1694 eigens angebauten Kapelle. Es handelt sich um eine byzantinische Ikone, die der Papst Heinrich II. bei dessen Kaiserkrönung schenkte und die dieser nach Regensburg weiterreichte. Die wundertätige Muttergottes mit dem Jesuskind auf dem Arm lockte über die Jahrhunderte deutlich mehr Pilger in die Stadt als das regensburgisch-bischöfliche Pendant, die Schöne Maria, wegen der man extra das Judenviertel eingeebnet hatte. Wessen Gottesmutter sich finanziell mehr auszahlte? Zumindest das lässt sich klar beantworten.

Adresse Stiftskirche Unserer Lieben Frau zur Alten Kapelle, Schwarze-Bären-Straße 7, 93047 Regensburg, www.alte-kapelle.de | Öffnungszeiten täglich tagsüber frei zugänglich, Konfession: katholisch, Gottesdienst: Mo–Fr 7 und 12.15 Uhr, Sa 7 und 9 Uhr, So 7 und 9.15 Uhr, weitere siehe Website | Tipp Regensburgs gigantische Dominikanerkirche St. Blasius ist wegen Generalsanierung auf unbestimmte Zeit geschlossen.

79 Mariä Himmelfahrt

Wallfahrtsort der kurzen Wege

Die Kirche mit dem schönsten Türgriff, dieses Versprechen allein reicht nur in Ausnahmefällen, um kunstsinnige Ausflügler aus der Regensburger Altstadt heraus und in das 1938 eingemeindete, zu dieser Zeit vom Braunkohleabbau geprägte Malocherquartier Dechbetten zu locken. Wer will sich schon einer Peripherie aussetzen, die so schnell gewachsen ist, dass sie zum Ärgsten gehört, was die Oberpfalz an ästhetischen Zumutungen bereithält?

Der um 1725 geschmiedete Türgriff zeigt den Moment, in dem der Wal, der Jona verschlungen hat, den Propheten wieder ausspuckt. Besser gesagt: Die funktionale Kleinskulptur lässt dem Gläubigen keine Alternative – er wird zum Motor dieser biblischen Geschichte. Der Hebel ist als Fisch gestaltet. Betätigt man ihn, scheint sich sein Maul, in dem Jona feststeckt, in Bewegung zu setzen. Wer in die von den Schleifen der Autobahnauffahrt Königswiesen umschlungene Wallfahrtskirche Mariä Himmelfahrt eintritt, der sorgt dafür, dass Jonas Reise nach Ninive zu ihrem guten Ende findet.

1722 vergab das Kloster St. Emmeram den Auftrag, die mittelalterliche Kirche seines Sprengels Dechbetten auch dahingehend zu erneuern, dass sie von der lokalen Bevölkerung als attraktives Wallfahrtsziel wahrgenommen wurde. So konnte sich sein Bauernvolk viele Stunden Fußmarsch ersparen. Anders formuliert: Es blieb ihnen mehr Zeit zum Arbeiten. Beachtenswert ist, wie radikal das Gestaltungskonzept des Innenraums den Blick auf den Hochaltar lenkt, in den ein Gnadenbild integriert wurde, eine gotische Madonnenfigur. Eine Wolke zu ihren Füßen, auf ihrem Arm das Jesuskind, der Herrgott, der über ihr auf sie wartet. Der Altar zeigt alle Schlüsselereignisse aus dem Leben Marias. Er sollte mit allen Marienfeiertagen kompatibel sein. Was die Augen ablenken könnte, wurde weggelassen. Eine barocke Kirche, aber ohne Fresken, Stuck und anderen Putz.

Adresse Pfarr- und Wallfahrtskirche Mariä Himmelfahrt, Neyweg 2, 93051 Regensburg | Öffnungszeiten täglich tagsüber frei zugänglich, Konfession: katholisch, Gottesdienst: siehe www.st-bonifaz-regensburg.de | Tipp Im 1924 nach Regensburg eingemeindeten, hoch über der Donau thronenden Kager steht ein uraltes, leider stets verschlossenes, kaum bekanntes Wallfahrtskirchlein, St. Michael.

80__St. Anna

Als Zankapfel konzipiert

Der überragenden Mehrheit der Regensburger wird nur schwer ein guter Grund einfallen, weshalb sie ihr Auto ans westliche Ende des Vorortbreis navigieren sollten – dorthin, wo die Donau jene scharfe Kurve absolviert, an deren Ausgang sie die Naab in sich aufnimmt. Weil der Strom ein Knie bildet, steuert man auf eine Sackgasse im alten Großprüfening zu. Man darf von einer Insellage sprechen. Für die wenigen Einwohner ein Glücksfall, konnte sich dadurch doch auf diesem Fleckchen Stadt die Gemütlichkeit eines Dorfes erhalten.

Ein Schelm, wer auf einen politischen Schachzug tippt, dass ausgerechnet ein Abt des keine 500 Meter stadteinwärts gelegenen Klosters St. Georg den Großprüfeningern um 1480 eine Kirche spendierte. Obwohl doch St. Emmeram für ihr Seelenheil zuständig war. Johann Grasser war mit den lokalen Gegebenheiten bestens vertraut. St. Anna, mit drei gotischen Altären ausgestattet und jüngst aufwendig saniert, stand auf dem Hof seiner Eltern.

Und das steckte dahinter: 1) Seit dem frühen Mittelalter gehörte Großprüfening dem Regensburger Kloster Emmeram – und damit auch ein Zehntel von allem, was seine Bewohner erwirtschafteten. 2) 1109 hatte der Bamberger Bischof die Chuzpe, mitten ins Emmeramer Terrain das Kloster St. Georg zu setzen – der Beginn eines Jahrhunderte währenden Gerangels um Einfluss und Einkünfte. 3) Isoliert: Im Gegenteil! Bis zum Bau der Eisenbahn wurde der gesamte Warenverkehr aus und in Richtung Nürnberg über eine Donaufähre abgewickelt, die noch heute einen Steinwurf südlich von Großprüfening ablegt. Ihre Einnahmen beanspruchte das Kloster St. Georg, den Job des Fährmanns die Großprüfeninger.

Nur dreimal im Jahr, dann aber vom St. Emmeramer Seelsorger, so der Kompromiss, durfte in St. Anna die Messe gelesen werden: an St. Sebastian (20. Januar), an St. Anna (26. Juli) und an Kirchweih (28. Oktober).

Adresse St. Anna, Großprüfening 33, 93049 Regensburg | **Öffnungszeiten** Sommerhalbjahr So 15 – 17 Uhr, Konfession: katholisch, Gottesdienst: siehe www.st-bonifaz-regensburg.de | **Tipp** St. Anna ist eine von zwei Kirchen, die sich im Besitz der Stadt Regensburg befinden. Die andere gehörte ursprünglich zu einer Burg: St. Michael im Außenstadtteil Graß.

81 Kreuzhofkapelle

Treffpunkt für 60.000 Menschen

Für jeden Regensburg-Touristen ist es eine Pflicht, sich nahe der Historischen Wurstkuchl für eine Donaufahrt zur Walhalla einzuschiffen. Zum Augenschmaus wird die beschauliche Bootstour freilich erst, nachdem am östlichen Rand der Stadt die unschöne Seite der Zivilisation, die Kläranlage, passiert ist. Daher wundert es nicht, dass kaum ein Passagier jenes historische Kleinod wahrnimmt, das ihr am Ufer unmittelbar vorausgeht. Obwohl das nach der Säkularisation zum Lager und Schlachthaus degradierte Kirchlein, das auf einer Wiese vor sich hin träumt, unförmig klobig wirkt und in der Regel verschlossen ist, lohnt es sich sehr, es bald mal mit dem Auto anzufahren. Denn die Aura der Kreuzhofkapelle ist umwerfend.

Der zwischen Osthafen und Klärwerk eingezwängte Stadtteil Kreuzhof ist seit der Jungsteinzeit besiedelt. Wohl durchgehend, auch keltische, römische und frühmittelalterliche Gebäude konnten nachgewiesen werden. Heute besteht er aus nicht viel mehr als einem Wohnheim für Obdachlose und der um 1155 erbauten, lupenrein romanischen Kapelle, die – für die Zeit nicht untypisch – zwei Stockwerke besitzt: das untere für den Gottesdienst, das obere ein Fluchtraum für Adelige, die in eine Fehde geraten waren, und eine Herberge für Pilger. Hatte der Kaiser auf einem Regensburger Hoftag Angelegenheiten zu regeln, die den bayerischen Herzog betrafen, verhandelte er diese in der Kreuzhofkapelle. Denn sie gehörte den Edlen des Nachbarorts Barbing, war neutraler Boden. So zog es Friedrich I. Barbarossa 1156 vor, die Abtrennung der Ostmark von Bayern in ihren Mauern zu beurkunden. Die Geburtsstunde Österreichs!

60.000 Ritter sollen sich 1189 bei der Kapelle eingefunden haben, um von hier aus nach Jerusalem zu ziehen. Nicht auf der Donau übrigens. Wie schon beim zweiten Kreuzzug, der 1147 ebenfalls in Kreuzhof seinen Anfang genommen hatte, bevorzugte man den beschwerlichen, zeitraubenden Landweg.

Adresse Kreuzhofkapelle St. Ägidius, Am Kreuzhof 11–12, 93055 Regensburg | Öffnungszeiten nur zu besonderen Anlässen, Konfession: katholisch, Gottesdienst: Maiandachten sowie zu besonderen Anlässen, siehe Pfarrbrief auf www.pfarrei-barbing.de Tipp Eine Kirche desselben zweigeschossigen romanischen Bautyps, die ebenfalls dem heiligen Ägidius geweiht ist, findet sich in Schönfeld, einem Weiler der Gemeinde Wald ganz im Westen des Landkreises Cham.

82 Karthaus Prüll

Zellen der Einsamkeit

Seltsam. Der Mann, der am leicht versteckten Eingang zum Geheimtipp unter den Regensburger Museen auf Besucher wartet, erklärt, er fände seinen Job nicht langweilig. In der Altstadt stehen sich die Touristen auf den Füßen herum. Aber hierher, ins gut einen Kilometer südlich gelegene, über 1.000 Jahre alte Karthaus Prüll verliert sich kaum jemand. Der Kassendienst bietet den Patienten der direkt benachbarten Universitätsklinik für Psychiatrie die seltene Gelegenheit, ihren therapeutischen Status an der realen Welt zu messen und gleichzeitig ihr Taschengeld aufzubessern.

Das 997 von Bischof Gebhard I. gegründete Kloster zählt nicht nur zu den ältesten, einst war es auch eines der reichsten und größten in ganz Bayern. Als in Regensburg die Reformation eingeführt wurde, profitierte es enorm von seiner Lage. Gerade noch auf dem Territorium der bayerischen Herzöge, war Karthaus Prüll erste Wahl, wenn sich katholische Landesfürsten für den Reichstag um ein Quartier umsahen. Entsprechend üppig fielen die Schenkungen aus, mit denen sie sich bedankten. Seit der Säkularisation befinden sich das Gros der Kunstwerke und die legendäre Bibliothek allerdings in München.

Weil ein Museum, können in der Klosterkirche St. Vitus auch jene Ecken in Augenschein genommen werden, die man sonst nicht betreten darf. Das Dekor mag barock sein. Die gigantische Halle selbst wurde um 1100 aufgemauert, sie zählt zu den größten romanischen Bauten in Bayern. Noch eindrucksvoller: eine weitgehend originale Mönchszelle. Obwohl eine Ordensgemeinschaft, lebten die Kartäusermönche als Eremiten. Es heißt, dass jedem nur das zu essen zur Verfügung stand, was er in seinem kleinen, abgeschirmten Garten anbaute. Kein Zweifel, dass auf dem Klosterareal bereits vor der Umnutzung zur Psychiatrie 1835, die ebenfalls umsichtig aufbereitet ist, vorwiegend Menschen lebten, die der Wahnsinn gepackt hatte.

Adresse Museum Karthaus Prüll / Museen des Bezirksklinikums Regensburg, Ludwig-Thoma-Straße 14, 93053 Regensburg | Öffnungszeiten Mai–Okt. Sa, So 10.30–17 Uhr, Konfession: aufgehoben, Gottesdienst: keine | Tipp Der Turm ist das letzte Relikt, das an das ins 9. Jahrhundert zurückreichende, im Zweiten Weltkrieg zerstörte Obermünster erinnert, die Kirche eines reichen Damenstifts.

83__St. Wolfgang

Der Dom der flachen Hierarchie

Die Nazis waren bekanntlich keine Freunde der Kirchen. Umso größer darf die Anerkennung ausfallen, dass Regensburg der Diktatur eine Kirche abtrotzte, die mit Sicherheit zu den großartigsten Bauten der klassischen Moderne zählt, die Bayern zu bieten hat. Genauer: des Expressionismus. Die Gebetshalle mit der markanten braun-weiß gestreiften, verschachtelten Fassade thront auf dem Königsberg, der höchsten Erhebung des uralten, 1870 eingemeindeten, südlich von St. Emmeram gelegenen Stadtteils Kumpfmühl.

Wie alle Kirchen, die der leider nur unter Koryphäen berühmte Dominikus Böhm entwarf, folgt auch St. Wolfgang der Vision einer Liturgie, die von der Gemeinde aktiv mitgestaltet wird. Damit die Gläubigen den Altar von überall aus erreichen können, hat Böhm ihn in den weiten, auf der Form eines griechischen Kreuzes basierenden Raum hineingerückt. Die Planungen für St. Wolfgang, die 1930 begannen und sich acht Jahre hinzogen, fallen allerdings bereits in eine Zeit, in der die konservativen Kräfte, die an einer streng hierarchisch organisierten Kirche festhalten wollten, die Oberhand gewannen. 1931 zog der Münchner Erzbischof Michael Faulhaber in einer Predigt gegen den modernen Kirchenbau ein Werk Böhms als böses Beispiel heran. »Bolschewistische Afterkunst, die besser nach Marokko oder Palästina passen würde«, ereiferte sich die NS-Presse.

Wider Erwarten wurde 1938 der Bau von St. Wolfgang genehmigt. Allerdings: Böhm musste eine neue Statik aus dem Hut zaubern. Die bereits angelieferten tragenden Eisenbalken: beschlagnahmt. Ab 1939 wussten sich die Arbeiter der Kirchenbaustelle besonders gefährdet, an die Front abkommandiert zu werden. An ihrer Stelle kletterten Studenten und Gymnasiasten auf die Gerüste. Als man im März 1940 fertig war, konnten zwar Gottesdienste stattfinden. Offiziell geweiht wurde der neue Dom von Kumpfmühl aber erst 1948.

Adresse St. Wolfgang, Bischof-Wittmann-Straße 24 A, 93051 Regensburg, www.wolfgangskirche-regensburg.de | Öffnungszeiten Mo–Sa 7–19.30 Uhr, So 8–19.45 Uhr, Konfession: katholisch, Gottesdienst: Mo–Fr 8 und 19 Uhr, Sa 8 und 18.15 Uhr, So 8.30, 10, 11 und 19 Uhr | Tipp Ihre ursprüngliche Kirche verdankt die 1921 gegründete Pfarrei Kumpfmühl den Unbeschuhten Karmeliten, die sie 1900 als Gotteshaus eines neuen Klosters bauten: St. Theresia.

84 Zentralmoschee

Architektur kann Heimat

Von 1820 bis 1914 nahmen fast sechs Millionen Deutsche ein One-Way-Ticket in die USA. Daheim ohne Perspektive, lockte sie das Versprechen, sich vom Tellerwäscher zum Millionär hochzubuckeln. In ihrem Fall empfinden wir es als selbstverständlich, dass sie ihren Glauben in ihre neue Heimat mitnahmen, sich dort Gotteshäuser bauten. Was aber geschieht, wenn eine islamische Gemeinschaft drei, vier Generationen nach der Ankunft der ersten Gastarbeiter anmerkt, dass auch ihr das Recht zugestanden werden müsse, im Stadtbild vertreten zu sein?

Dass ein Sturm der Entrüstung aufziehen würde, war abzusehen, als die größte islamische Gemeinde Regensburgs, der 1978 gegründete Moscheeverein der Türkisch-Islamischen Union der Anstalt für Religion, kurz Ditib, die Genehmigung für ein Kulturzentrum beantragte, das neben einer Kuppel auch ein Minarett ziert. Dies, warf die Parteizeitung der CSU ein, der »Bayernkurier«, »entspricht ziemlich genau den Vorstellungen des türkischen Präsidenten Erdogan, wie Moscheen als Symbole der Macht des Islams auszusehen haben«, und verwies auf die Beobachtung der Ditib durch den Verfassungsschutz.

Die Coronapandemie hat die Eröffnung des islamischen Kulturzentrums verzögert. Aber der Gebetsraum steht. Und das Minarett. Ein lebloses Symbol. Nicht begehbar. Und überhaupt: lieblich-kitschige Disney-Architektur ohne den Hauch einer Idee, wie eine Moschee aussehen könnte, damit sie von allen akzeptiert, vielleicht sogar als zeitgemäßes Wahrzeichen einer Stadt gefeiert wird. Die CSU hat recht. Gelebte Integration, das hieße, sich als Ditib die Mühe zu machen, eine Moschee architektonisch neu zu denken, um zu belegten, dass man angekommen ist, sich vom Herkunftsland der Großeltern emanzipiert hat. Genauso, wie die Auswanderer des 19. Jahrhunderts auch dadurch heimisch wurden, dass sie für ihre Kirchen ein USA-typisches Erscheinungsbild kreierten.

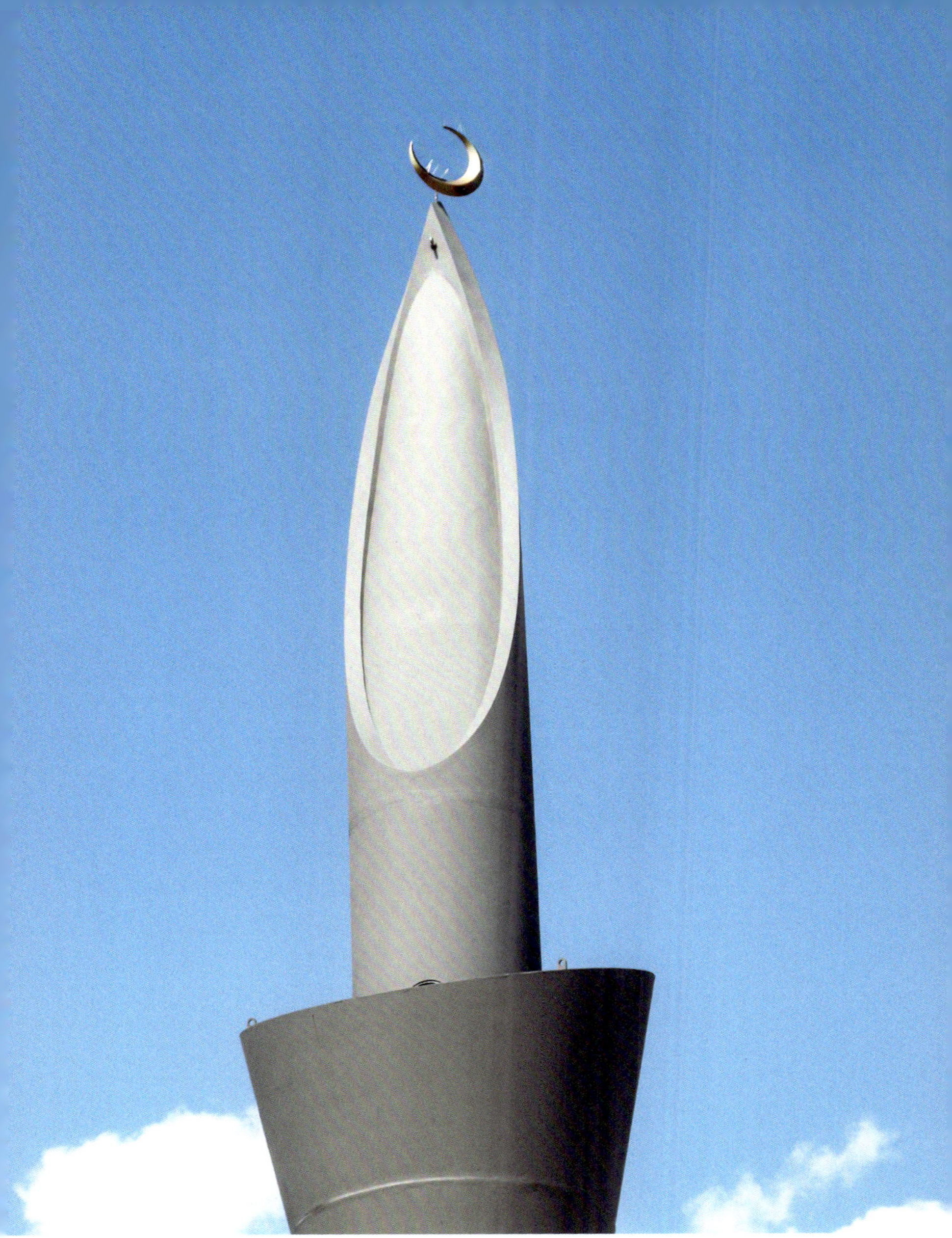

Adresse Zentralmoschee der Türkisch-Islamischen Gemeinde (Ditib), Maxhüttenstraße 3, 93055 Regensburg, www.ditib-regensburg.de | Öffnungszeiten bitte der Website entnehmen, Konfession: sunnitischer Islam, Gottesdienst: Gebetszeiten siehe Website | Tipp Das ehemalige Schulhaus von Teublitz (Landkreis Schwandorf) wird seit 2012 als buddhistisches Meditationshaus genutzt.

85_Schlosskirche St. Georg

Oh, eine zweite Nummer eins

An alle, die die berühmte Kirche St. Emmeram nach eingehender Besichtigung als unübertreffbar klassifiziert haben, ergeht hiermit folgende Bitte: Machen Sie sich die Mühe, den ebenfalls ein ganzes Stadtviertel großen Klosterkomplex St. Georg unter die Lupe zu nehmen. 1109 vom Bamberger Bischof Otto I. gegründet, konnte sich die Abtei wie gewünscht bald zu einem ebenbürtigen Konkurrenten der Sensation unter den Altstadt-Gotteshäusern entwickeln. Weil St. Georg aber weit draußen in der Vorstadt liegt, würde der für passable Besichtigungszeiten erforderliche Aufwand in keinem Verhältnis zu den zu erwartenden Besuchern stehen. Noch schlechter als bei der Klosterkirche stehen die Chancen, einen Blick in den Mönchstrakt werfen zu können, der 1803 in ein Schloss umgewandelt wurde. Einzige Chance: der Tag des offenen Denkmals.

Die barocke Fassade von St. Georg täuscht, die so traurig im Park von Prüfening herumsteht wie ein Hund, den sein Herrchen dort ausgesetzt hat. Wer das Glück hat, dass sich ihm eine Türe öffnet, betritt eine der größten und besterhaltenen romanischen Hallenkirchen Bayerns. Bereits zehn Jahre nach der Gründung des Klosters geweiht, gab es nie einen Grund, an ihrer Substanz herumzudoktern. Selbst im frühen 18. Jahrhundert, als ein verspielter, überbordend dekorierter Festsaal das Maß aller Dinge war, ersetzte man lediglich die Apsis durch einen zeitgemäßen Altarraum und die bis dahin flache Decke durch ein fulminant bemaltes Gewölbe. Nirgendwo in Regensburg haben sich auch nur annähernd so viele mittelalterliche Fresken erhalten.

Auch ein Grab eines heiligen Märtyrers ist vorhanden. Der erste Abt des Klosters, Erminold, so heißt es, war gegenüber seinen Mitbrüdern derart streng, dass sie sich zu handeln gezwungen sahen. Am 6. Januar 1121 schlug ihn ein Mönch namens Aaron tot. Aus Wut, dass zuvor ein Gemeinschaftsattentat misslungen war.

Adresse Schlosskirche St. Georg, Prüfeninger Schloßstraße 73 C, 93051 Regensburg | Öffnungszeiten Kirche im Sommerhalbjahr jeden 2. So im Monat 15–17 Uhr, Schloss-/Mönchstrakt siehe aktuelle Infos zum Tag des offenen Denkmals, Konfession: katholisch, Gottesdienst: siehe www.st-bonifaz-regensburg.de | Tipp Auf dem Klosterareal findet sich eine zweite, entschieden kleinere Kirche, St. Andreas. Da St. Georg den Mönchen vorbehalten war, feierten Klosterbedienstete in ihr die Messe.

86 Dreifaltigkeitskirche

Dennoch, der Herr hat's genommen

Tausende Hektoliter Bier, die weggeschüttet werden müssen, weil die Wirtshäuser nicht öffnen dürfen. Ein Blick in die Geschichte zeigt, dass Corona nicht die erste Seuche war, die eine Schlüsselbranche des Wohlbefindens an den Rand des Ruins brachte: das Brauwesen. 1713. Eine Pestepidemie, die bereits seit fünf Jahren durch Europa mäandert, erreicht Regensburg. Im August tritt ein rigoroser Lockdown in Kraft. 7.000 Schluckspechte verlassen die Stadt: die Gesandten des Immerwährenden Reichstags, der nach Augsburg ausweicht. Acht Monate lang, bis zum 3. Mai 1714, bleibt die Bischofsstadt hermetisch von der Außenwelt abgeriegelt.

Ortswechsel. Raus ins Grüne. Auf den Dreifaltigkeitsberg jenseits von Donau und Kanal. Von dort oben ist der Blick auf die Altstadt berauschend. Es ist kein Leichtes, die Aufmerksamkeit auf die 1715 geweihte Kirche umzulenken, um sich ihrem Inneren und dort den Deckengemälden des Langhauses zu widmen. Mit seinem Gelöbnis, Gott ein neues Haus zu schenken, rief der Brauer Michael Schlecht ein Heer an ebenfalls dem Ruin nahen Mitstreitern auf den Plan. Als Bürger des damals wittelsbachischen Stadtamhofs, des Regensburgs jenseits der Steinernen Brücke, hatte Schlecht Bewegungsfreiheit, sodass schon am 18. September 1713 der Grundstein gelegt werden konnte. Ebenso wie die Vertreter der neun Zünfte, die sich für ihre finanzielle Beteiligung in je einem Feld des Freskenzyklus verewigen durften. Sponsorenwerbung der alten Art.

Den Allmächtigen beeindruckt hat Michael Schlechts fromme Initiative leider nicht. Am 27. September 1713 rief Gott seine Frau und anschließend drei seiner Söhne zu sich. Dennoch strömten bald jährlich weit über 20.000 Gläubige auf den Dreifaltigkeitsberg, um dort um Gnade zu bitten. 1837 verkleidete man das Kirchlein im byzantinischen Stil, baute die Vorhalle und den Turm an. 1933 wurde der Chorraum deutlich erweitert.

Adresse Dreifaltigkeitskirche, Dreifaltigkeitsbergweg 1, 93059 Regensburg, www.pfarrei-steinweg.de | Öffnungszeiten täglich ab 11 Uhr, Konfession: katholisch, Gottesdienst: Sa 17 Uhr, So 11 Uhr | Tipp An den Außenmaurern der Spitalkirche in Stadtamhof finden sich zahlreiche eingemauerte Gedenksteine aus der Pestzeit.

87 Mariä Himmelfahrt

Rokoko mit Grausamkeit

Während die Historiker noch immer streiten, welcher der auf den Namen Diepold getauften Markgrafen von Nabburg, Vohburg, Cham und des Nordgaus drei der einflussreichsten Klöster der Oberpfalz gegründet hat, käme kaum ein Ausflügler auf den Gedanken, dass da ein Zusammenhang besteht. Zu unterschiedlich haben sich Kastl, Waldsassen und das auf einer Bergzunge über dem Regen gelegene Reichenbach entwickelt – kirchlich, politisch und optisch. Was sie verbindet, ist die strategisch kluge Idee Diepolds III. (1075–1146), den Benediktinerorden an der wirtschaftlichen Erschließung seiner Territorien zu beteiligen.

Zwei Jahreszahlen prägen, worüber die Reichenbacher Klosterbauten und ihre Kirche dem Besucher Bericht erstatten wollen. Die erste steht für ein steiles Comeback. 1742 ließen die Benediktiner das 1135 geweihte, später erweiterte, jetzt aber von Krieg und Vernachlässigung gezeichnete Gotteshaus zu einem Fest der Fröhlichkeit umgestalten. Ein furioses Feuerwerk, vom Boden bis an die Spitze des Gewölbes mit Stuck und Fresken ausgekleidet. Lichtdurchflutet. Rokoko vom Feinsten! 250 Jahre zuvor hatten zunächst die Äbte den Konvent heruntergewirtschaftet. Anschließend vertrieben die Wächter der vom Pfälzer Kurfürst Ottheinrich auch für Reichenbach verordneten calvinistischen Glaubenslehre die Mönche und zerstörten das Gros der Kunstwerke.

Da nur die Wenigsten auch dem zeitgleich auf einen burgartigen Sockel gesetzten Klosterkomplex einen Besuch abstatten, in dem seit 1890 geistig und körperlich Behinderte zu Hause sind, bleibt ihnen die zweite Jahreszahl meist unbekannt. 1941 wurde das massige Gemäuer zum Schauplatz eines Verbrechens gegen die Menschlichkeit. Handlanger der NS-Diktatur holten 450 Insassen ab, um sie dem Euthanasieprogramm »Aktion T4« zuzuführen. Zumindest einer Handvoll konnten ihre Betreuer zur Flucht verhelfen.

Adresse Klosterkirche Mariä Himmelfahrt und Kloster Reichenbach, Markgraf-Diepold-Platz, 93189 Reichenbach, Kirche: www.pfarrei-walderbach.de; Kloster/Behindertenheim: www.barmherzige-behindertenhilfe.de | Öffnungszeiten Kirche und Klosterhöfe täglich tagsüber frei zugänglich, Konfession: katholisch, Gottesdienst: siehe Website | Tipp Das einst einsam in den bayerischen Alpen gelegene Kloster Ettal – heute ein Touristenmagnet ersten Rangs – wurde 1330 von Reichenbach aus gegründet.

88_Josefikapelle

Nicht alles läuft rund

Um von Beginn an Ärger zu vermeiden: Ja, das am Ufer der Regen gelegene, uralte Städtchen Roding besitzt einen einmaligen Schatz. Er stammt aus jener Zeit, als der Bayerische Wald erstmals systematisch erkundet, für arg unbehaust, aber doch für wichtig genug befunden wurde, um in die zivilisierte Welt integriert zu werden. Die Rede ist vom 7. Jahrhundert. Noch existiert kein Bistum Regensburg. Aber die Karolinger strecken bereits ihren Schwertarm in Richtung Böhmen aus. Auf dem Weg, der seit alters aus dem verblühten Castra Regina, aus Regensburg, in Richtung Prag führt, bauen sie einen Königshof. Die dazugehörige, heute dem heiligen Josef geweihte Kirche ist somit eine der ältesten in ganz Deutschland.

Der Ärger, das ist die lieblose Art, wie der ursprünglich nur einen Raum kleine, im 11. Jahrhundert um eine zweite Etage aufgestockte Rundbau präsentiert wird. Oben, im jüngeren Teil, entdeckte man 1948 Fresken, die sich auf das 13. Jahrhundert datieren ließen. Für Bilder dieses Alters sind Kulturfans gerne bereit, 100 Kilometer auf sich zu nehmen. Zumal ihnen die im 16. Jahrhundert angebaute, unscheinbare Annakapelle obendrein auch noch ein Totentanz-Fresko bietet. Nicht überliefert ist, wie viele Kunstfreunde sich in der in den 1950er Jahren neu errichteten Pfarrkirche St. Pankratius, die das Ensemble vervollständigt, nach einer Beichtgelegenheit umgesehen haben. Denn man darf ja nicht fluchen!

Der Rundbau steht im Herzen von Roding, am Paradeplatz. Nicht schön: das in das untere Geschoss eingepasste Kriegerdenkmal. Eine Treppe führt zum Kirchplatz mit der neuen Kirche, dem stehen gebliebenen barocken Turm des alten Gotteshauses, der Annakapelle und dem Obergeschoss mit den Fresken. Verschlossen. Beide. St. Josef und St. Anna. Aus Scham? Roding hat es nicht geschafft, sein Kulturerbe zu bewahren. Der Totentanz ist mittlerweile unrettbar verblasst.

Adresse Kapellen St. Josef und St. Anna, Am Paradeplatz 5, 93426 Roding | Öffnungszeiten nur zu besonderen Anlässen wie dem Tag des offenen Denkmals, Konfession: katholisch, Gottesdienst: nie | Tipp Im 18. Jahrhundert überbauten die Rodinger einen leicht außerhalb der damaligen Stadt gelegenen Brunnen mit der Johanneskapelle (auch Mooskapelle genannt). Bis 1901, als Roding eine Wasserleitung bekam, zogen die Gläubigen am Vorabend des Dreikönigstags zu ihr, damit ihr Wasser vor allem Bösen bewahrt blieb.

89 Kreuzbergkirche

Spirituelles Flirren

Wenn in Schwandorf kurz vor 8 Uhr die Schulen ihre Kinder einsaugen, ist auch auf dem Kreuzberg, dem spirituellen Leuchtturm des Häusermeers, ein emsiges Wuseln zu beobachten. Junge Damen in Ordenstracht, vorwiegend Inderinnen, sputen sich. Während unten die Buben und Mädchen Hefte, Stifte und Bücher auspacken, schieben sie sich in lange Kirchenbänke. Vor ihnen, im Zentrum des Altars, eine Version von Lukas Cranachs Gnadenbild Mariahilf. Alles wartet. Unten im Klassenzimmer auf den Gong. In der Wallfahrtskirche Zu Unserer Lieben Frau auf die Glocke, die das Erscheinen eines der drei indischstämmigen Klosterbrüder ankündigt, die 2009 einen der lebendigsten Glaubensorte der Oberpfalz vor dem Aus bewahrten.

Die Geschichte des heiligen Orts beginnt um 1619, als man auf dem Berg drei Kreuze errichtete. 1678 setzten sich die Bürger gegen ihre Kirchenleitung durch und stellten ein Wallfahrtskirchlein daneben, um in dringenden Fällen, bei denen nur die Gottesmutter helfen konnte, nicht mehr bis Neunkirchen am Blut pilgern zu müssen. Nur ein Jahr später: Die ersten Auswärtigen steigen zum Kreuzberg auf, der jetzt – ganz nach dem Vorbild Ambergs – ein Mariahilf-Gnadenbild sein Eigen nennt. Um den Ansturm in ordentliche Bahnen zu lenken, wird 1695 ein Kloster gegründet, die Kirche 1698 und noch einmal 1782 erweitert. Da das Schatzkästlein – und mit ihm halb Schwandorf – 1945 im Bombenhagel unterging, werden kunsthistorisch interessierte Ausflügler hiermit gebeten, ihre Erwartungshaltung radikal herunterzuschrauben. Allein das Gnadenbild konnte gerettet werden.

Ob der protzige, arg verkopft ausgestaltete Neubau von 1952 mehr als ein Na ja verdient, ist fraglich. Aber letztlich egal. Man besucht ihn schließlich wegen ihr – und am besten um 8 Uhr früh, denn dann ist die spirituelle Atmosphäre flirrend. Maria, erhöre uns! Wunder liegen in der Luft.

Adresse Wallfahrtskirche und Kloster Zu Unserer Lieben Frau vom Kreuzberg, Kreuzberg 3, 92421 Schwandorf, www.kreuzberg-schwandorf.de | Öffnungszeiten täglich tagsüber frei zugänglich, Konfession: katholisch, Gottesdienst: Di–Sa 8 Uhr, So 7.30, 9.30 und 11 Uhr, weitere siehe Website | Tipp Schwandorfs älteste Kirche steht im Außenstadtteil Kronstetten. St. Johannes der Täufer ist ein Juwel des Barock – mit Mauern aus dem 13. Jahrhundert.

90 Klosterkirche

Barock als Rauscherlebnis

Die Dramaturgie, die sich die Baumeister einer der am besten erhaltenen Klosteranlagen der Oberpfalz für den Weg der Gläubigen zum Hochaltar ausgedacht haben, treibt eine Grundidee des Barock auf die Spitze: die totale Reizüberflutung. Lässt man das Eingangsportal hinter sich, steht man erst einmal in einer spartanischen Vorhalle, einer Zwischenwelt, in der es gilt, alle irdischen Gedankengänge abzustellen – vergleichbar mit einer Umkleide, in der man seine Kleidung ablegt. Während im Schwimmbad dann die Dusche an der Reihe ist, folgt in Speinshart ein weiterer Vorraum. Innerlich gereinigt, vermag uns der über und über mit weißem Stuck, eifrig gestikulierenden Skulpturen und zu vielen Seitenaltären ausdekorierte Festsaal mit voller Wucht auszuknocken. Sofort den Körper mit Hormonen fluten, entscheidet das Gehirn. Ein Gotteshaus als Rauscherlebnis.

Das 1145 in einem sumpfigen, weiten Talgrund gegründete Kloster Speinshart teilt das Schicksal aller Abteien der nördlichen Oberpfalz, es wurde in der Reformationszeit aufgehoben. 1691 wiederbesiedelt, musste es von Grund auf neu aufgemauert werden. Die beiden Künstler, die Brüder Carlo Domenico und Bartolomo Lucchese, die der Abt 1692 mit der Ausschmückung der eben eingewölbten Klosterkirche beauftragte, verkörpern die italienische Spielart des Barock, die sich durch einen besonders hohen Grad an Maßlosigkeit auszeichnet.

Die Augen brauchen deshalb ein wenig, bis sie im Kirchenschiff ein anrührend neckisches Detail entdecken können. Allein der kunstvoll gestalteten Wangen wegen, der Seitenabschlüsse der Kirchenbänke, lohnt ein Besuch des dorfgroßen Konvents. Von wuchernden Pflanzenornamenten eingerahmt, spielen dort nackte Engelchen mit den Folterwerkzeugen, die bei der Kreuzigung zum Einsatz kamen, präsentieren uns Symbole der Leidensgeschichte. Einzigartig. Hemmungslos überzeichnet. Gnadenlos kitschig.

Adresse Kloster und Klosterkirche Speinshart (mit Gasthaus, Klosterladen und Kunstausstellungen), Klosterhof, 92676 Speinshart, www.kloster-speinshart.de, www.klosterpfarrei.de | Öffnungszeiten Kirche täglich tagsüber frei zugänglich; ansonsten siehe Website, Konfession: katholisch, Gottesdienst: Mo, Do, Sa 19 Uhr, So 9.30 Uhr | Tipp Im Kloster Speinshart leben derzeit sechs Prämonstratensermönche, die unter anderem in der hübschen barocken, ins 12. Jahrhundert zurückreichenden Kirche St. Peter und Paul in Tremmersdorf tätig sind.

91 Mariä Himmelfahrt

Sie wollten sich kein Bildnis machen

1628 wurde die Oberpfalz dem größten Marienverehrer aller Zeiten zugesprochen. Was so einiges erklärt. Nur ein Jahr später war das Herzensprojekt des bayerischen Kurfürsten Maximilian I., die Rekatholisierung, auch bis ins abgelegene Stadlern vorgedrungen. Eine wundertätige Madonna konnte aus ihrem Versteck geborgen und in das nur einen Steinwurf von der Grenze zu Böhmen entfernte Dorf zurückgebracht werden. Besser gesagt: Das, was ein 200 Jahre währendes Gewaltszenario von der aus Ton gebrannten Skulptur übrig gelassen hatte – den Kopf, für den man nun einen neuen Körper und ein neues Jesuskind schnitzte und einen neuen Altar baute.

Die Ursprünge der einst von einem Friedhof umgebenen Wallfahrtskirche gehen auf das Gelübde eines Ritters zurück, der sich im Gebirge verirrt hatte. Das Hufeisen seines Pferds hängt noch immer an einer Eingangstüre des Gotteshauses, das man im 14. Jahrhundert über den Fundamenten der von ihm gestifteten Kapelle aufmauerte. Nur ein, zwei Generationen später plünderten es die Hussiten. Ab 1526 säuberten es mal lutheranische, mal calvinistische Glaubenswächter. Fünfmal mussten die Stadlerner ihre Konfession wechseln. An der Wallfahrt hielt man dennoch fest, war, obwohl von der Obrigkeit verboten, heimlich von außen Weihegaben durch die längst zerbrochenen Fenster.

Betritt man das jenseits des Chors um 1700 erneuerte Gebäude, meldet das Gehirn den Augen: hä?! Da sich der Blick zunächst wie automatisch auf den Hauptaltar richtet, fällt die Besonderheit des dörflich-rustikalen Barockinventars erst verzögert auf. Es gibt keine Bilder! Und damit auch kein Gegengewicht zu dem dreidimensionalen, seitlich platzierten, schmerzerfüllt vor Glück in sich hineinlächelnden, von Pfeilen penetrierten, nackten Sebastian, der gefährlich weit ins Erotische kippt. Noch mal ein: hä?! Was uns diese androgyne Versuchung des Fleisches wohl sagen will?

Adresse Wallfahrts- und Pfarrkirche Mariä Himmelfahrt, Hauptstraße 30, 92549 Stadlern | Öffnungszeiten täglich tagsüber frei zugänglich, Konfession: katholisch, Gottesdienst: unregelmäßig, Wallfahrtsbetrieb am 15. August (Mariä Himmelfahrt) | Tipp Von der Kirche aus gesehen steigt hinter der Freiwilligen Feuerwehr mit dem Kalvarienberg ein beschwerliches Schmuckstück Oberpfälzer Volksfrömmigkeit durch eine Allee aus Stadlern hinaus.

92__St. Marien

Einer Hauptstadt angemessen

Als der böhmische König und Deutsche Kaiser Karl IV. 1355 den historisch gewachsenen Teil Sulzbach-Rosenbergs zur Hauptstadt seines neu erworbenen, Neuböhmen genannten Territoriums erklärte, konnte er auf 300 Jahre Erfahrung in Sachen politisches Heiratsarrangement und Intrigenspiel aufbauen. 1146 war aus Bertha von Sulzbach Irene geworden – die einzige Deutsche, die je einen byzantinischen Kaiser heiratete. Ein verheerender Brand, dem 1822 ein Drittel der Altstadt zum Opfer fiel, ist schuld, dass man dem Provinznest seine einstige Stellung nicht glauben will.

Vom Feuer verschont blieb Sulzbachs optischer Dreh- und Angelpunkt, die außen gotische, innen barocke Kirche St. Marien. 1355 überließ der fanatische Reliquiensammler Karl IV. den Sulzbachern einen Splitter vom Haupt des heiligen Johannes des Täufers und ein Fingerglied des heiligen Burkhard. Man hatte daher gar keine andere Wahl, als beim Bau eines standesgemäßen Gotteshauses, der sich bis 1488 hinzog, in den Dimensionen einer Kathedrale zu denken. 1652 legte Herzog Christian August der Kirche ein Simultaneum auf, die gleichberechtigte Nutzung durch die evangelische und die katholische Lehre. Es endete erst 1958 mit der Weihe der direkt benachbarten, evangelischen Christuskirche.

Hauptattraktion von St. Marien, die sogleich von den für den evangelischen Gottesdienst erforderlichen Einbauten bereinigt wurde, ist das Gemälde des Hauptaltars. Die figurenreiche Mariä-Himmelfahrt-Szenerie ist das größte und zugleich letzte Werk Hans Georg Asams. Herzog Theodor Eustachius hatte den Vater der weltberühmten Rokoko-Genies Cosmas Damian und Egid Quirin Asam an seinen Hof in Sulzbach geholt. Leider ging der ursprüngliche Präsentationskontext verloren. Bis 1958 stand vor dem katholischen Haupt- ein evangelischer Altar mit versenkbarem Aufbau, der das Meisterwerk in der ihm zustehenden Hälfte der Zeit verdeckte.

Adresse Stadtpfarrkirche St. Marien, Pfarrgasse 2, 92237 Sulzbach-Rosenberg, www.st-marien-sulzbach.de | Öffnungszeiten täglich tagsüber frei zugänglich, Konfession: katholisch, Gottesdienst: Mi 8 Uhr, Fr 8.30 Uhr, Sa Sommerzeit 18 Uhr, Winterzeit 17 Uhr, So 9 und 10.30 Uhr | Tipp Die an das Sulzbacher Schloss angeschlossene, von außen kaum erkennbare ehemalige Klosterkirche St. Hedwig zählt zu den Höhepunkten des Oberpfälzer Rokoko, ist aber nur zu Gottesdienstzeiten und besonderen Anlässen zugänglich.

93__Synagoge

Israels irdisches Paradies

Das 1652 im Fürstentum Pfalz-Sulzbach eingeführte Simultaneum, die Gleichberechtigung der beiden christlichen Konfessionen, hatte einen Nebeneffekt, der für eine dritte Bevölkerungsgruppe ein Segen war. Während sich zum Beispiel in Nürnberg bis ins Jahr 1806 Juden nur in Ausnahmefällen, nur am Tag und nur mit polizeilicher Begleitung aufhalten durften, konnten sie in dem Oberpfälzer Kleinstaat ohne Sanktionen leben. Würde sich im Stadtmuseum nicht eine eigene Abteilung dem Wirken der Bürger mosaischen Glaubens widmen, man käme nicht auf die Idee, dass sich in Sulzbach im späten 17. Jahrhundert die – nach Fürth – zweitgrößte jüdische Gemeinde Süddeutschlands ausformte. Und es gehört schon eine ordentliche Portion Zufall dazu, dass das zweite museale Erbe, die 2010 bis 2013 wiederhergerichtete Synagoge, gerade dann geöffnet hat, wenn man in der putzigen Provinzstadt gestrandet ist. 1824 anstelle eines beim großen Stadtbrand vernichteten Vorgängerbaus im klassizistischen Stil errichtet, eilt ihr der Ruf voraus, »einer der schönsten Synagogenbauten Bayerns, vielleicht sogar Deutschlands« zu sein.

Feustel Bloch erhielt am 9. Januar 1666 als erster Jude die Erlaubnis, sich mit seiner Familie in der bis dahin rein christlichen Stadt der Toleranz anzusiedeln. Er selbst schuf mit einem in seinem Haus eingerichteten Betsaal und der Gründung eines jüdischen Friedhofs die Grundlagen eines lebendigen Gemeindelebens, sein Sohn Moses Bloch die Basis für ihren Wohlstand. 1684 gründete er eine Druckerei für hebräische Schriften, 1699 eröffnete der aus Wien zugezogene, perfekt vernetzte, bis dahin bei Bloch angestellte Aaron ben Uri Lipmann Fraenkel eine zweite. Beide spezialisierten sich auf jüdische Gebrauchstexte zum kleinen Preis.

Als die Nationalsozialisten 1933 die Macht ergriffen, hatte sich Sulzbachs jüdische Gemeinde durch Abwanderung in Deutschlands Großstädte bereits selbst aufgelöst.

Adresse Synagoge, Synagogenstraße 9, 92237 Sulzbach-Rosenberg, www.synagoge-sulzbach.de | Öffnungszeiten Mi und So 14–17 Uhr, Konfession: Museum, ehemals jüdisch, Gottesdienst: nie | Tipp Ambergs historische Synagoge wurde 1945 von Überlebenden des Holocaust wiederbelebt, die jüdische Gemeinde der Stadt nutzt sie bis heute.

94 Wallfahrtskirche St. Anna

Genommen, um zurückzugeben

Am 26. Juli 1656 kamen für die Bewohner von Sulzbach und der Dörfer draußen auf dem Rosenberg gleich drei Gründe zusammen, um die Arbeit ruhen zu lassen: der Patronatstag der heiligen Anna, der Geburtstag des jüngst zum katholischen Glauben konvertierten Pfalzgrafen Christian August und das erste, von ihm mit Sicherheit nicht nur zu Ehren der Mutter Maria eingeführte Bergfest. Dessen Kennzeichen: eine ausgewogene Mixtur aus Beten, Bier und Bratwurst. Noch heute lockt das Spektakel, das am Samstag vor dem Annatag mit einer feierlichen Vesper eröffnet wird und am Sonntag danach mit einer solchen endet, alles auf den steil hinter der Stadt aufragenden Berg, was sich in der Lage sieht, mit der einen Hand in einem Gotteslob zu blättern, während die andere den Krug zum Mund führt.

Anders als beim Amberger Mariahilfberg, dem Urknall des Wallfahrtsbooms der Gegenreformation, wollte sich Christian August kein Mariengemälde beschaffen und sich darauf verlassen, dass es schon ein paar Wunder vollbringen werde. 1542 hatte sein Ahnherr den katholischen Glauben verboten. Bis dahin hatten die Sulzbacher gute Erfahrungen damit gemacht, ihre Fürbitten ins zwei Wegstunden entfernte Peutental zu tragen. Umso schlimmer dürfte es für sie gewesen sein, dessen Wallfahrtkirche beim Verfall zusehen zu müssen. Das Peutentaler Gnadenbild, eine gotische Anna-Skulptur, hatte sich der Pfalzgraf in sein Schloss bringen lassen.

Lag es an Christian Augusts klugem Schachzug, die schmerzhaft vermisste Statue auf seinen heiligen Berg zu tragen? Oder doch daran, dass nach dem vierten Bergfest dicht bei der neuen Wallfahrtsstätte eine Quelle aus dem Boden zu sprudeln begann? Fakt ist, dass die Holzkirche schon 1676 durch einen Steinbau ersetzt werden musste, der immer größere Andrang jede Generation dazu zwang, wenn nicht die Kirche selbst, dann zumindest das Festareal zu erweitern.

Adresse Wallfahrtskirche St. Anna, Annabergweg 32, 92237 Sulzbach-Rosenberg | Öffnungszeiten täglich tagsüber frei zugänglich, Konfession: katholisch, Gottesdienst: Annabergfest Sa vor bis So nach dem 26. Juli, Programm siehe www.st-marien-sulzbach.de | Tipp Wie durch ein Wunder blieb die Wallfahrtskirche Mariä Himmelfahrt in Rieden unbeschadet, als 1749 alle umliegenden Häuser – 51 Stück – abbrannten.

95 Kapelle am Kalvarienberg

Wo sich das Wasser teilt

Sich einmal wie der König der Oberpfalz fühlen, weil einem das ganze Land zu Füßen liegt. Nichts ist leichter als das. Sofern man bereit ist, auf ein paar südliche Landesteile zu verzichten und stattdessen die Fränkische Schweiz und das Fichtelgebirge unter seine Fittiche zu nehmen. Nirgendwo schweift im Norden der Blick weiter übers Land als von einem Berg mit dem seltsamen Namen Kütschenrain. Weil auf seinem höchsten Punkt vor Menschengedenken eine Kreuzigungsgruppe errichtet wurde, der 1752 eine Kapelle folgte, wird der magische Ausguck vom Volksmund schlicht Kalvarienberg genannt.

Man kann die mit 643 Metern ü. NN höchste Erhebung des Frankenjuras mit dem Auto erklimmen. Empfehlenswerter ist es, das Gefährt in Thurndorf zu parken, einer 900 Jahre alten Bauernsiedlung, und dort bei der Kirche nach einer Wandertafel zu suchen, die einen zwei Kilometer kurzen, aber nicht zu unterschätzenden Fußweg zum Gipfel aufzeigt. Auf demselben Weg sind einst die Thurndorfer am Karfreitag zur Kapelle aufgestiegen, um das Leiden des Gekreuzigten am eigenen Körper nachzuvollziehen. Gedämpftes, leises Knallen motiviert, nicht zu oft stehen zu bleiben, sobald man seinem Ursprung auf den Grund gekommen ist – dem Truppenübungsplatz Grafenwöhr.

Seit 2015 ein Aussichtsturm eröffnet wurde, der mit seinen 133 Stufen und sieben Podesten das Fernsichtpotenzial um weitere 25 Höhenmeter erweitert, fristet die klobige, aus Sandstein gefügte Kapelle ein Schattendasein. Ihr Türmchen bekam sie 1838 aus profanen Gründen: Die Landvermesser brauchten einen fest definierten Ankerpunkt. Vor ihrer Türe entscheiden Zentimeter, ob ein Regentropfen in Richtung Nordsee oder ins Schwarze Meer fließen wird. Wer sich von der erhabenen, freiheitlichen Atmosphäre dazu verleiten lässt, das Gespräch mit Gott zu suchen, darf von sich behaupten, sogar schon mal auf einer europäischen Hauptwasserscheide gebetet zu haben.

Adresse Anfahrt mit dem Auto: von Thurndorf die Straße Richtung Heinersberg / Engelmannsreuth / Creußen nehmen, bald nach dem Ortsausgang zweigt in einer Linkskurve der Weg zur Kapelle rechts ab (ausgeschildert); zu Fuß: Auto abstellen an der Hauptstraße, 91281 Kirchenthumbach-Thurndorf, alles Weitere an der Infotafel an der Kirche | Öffnungszeiten vergitterter Vorraum täglich tagsüber zugänglich, Konfession: katholisch, Gottesdienst: nur zu besonderen Anlässen wie Hochzeiten und der Karfreitagsprozession | Tipp Der Gottvaterberg, der hinter Auerbach aufsteigt, lohnt sich ebenfalls sowohl wegen eines Gipfelkirchleins als auch einer grandiosen Aussicht.

96 Mariä Himmelfahrt

Bereit zu jeder Stunde

An den Fastentagen nicht nur auf Fleisch, sondern generell auf tierisches Eiweiß zu verzichten, so weit wollten die Mönche des Klosters Waldsassen dann doch nicht gehen. Eines ihrer Dörfer, das auf eine Anhöhe über dem Flüsschen Waldnaab gesetzte Tirschenreuth, erhielt den Auftrag, sie mit Karpfen zu versorgen. Zu Füßen der Siedlung entstanden zwei gigantische Teiche. An mangelndem Löschwasser kann es also nicht gelegen haben, dass die Metropole des Stiftslands rekordverdächtig oft einer Feuersbrunst zum Opfer viel: 1475, 1613, 1633 und 1814. Und mit ihr die Stadtkirche.

Kunstfertigen Restauratoren ist es zu verdanken, dass man der Augenweide von außen, vor allem aber in ihrem Inneren erst auf den zweiten Blick anmerkt, dass sie erst seit wenigen Jahrzehnten in voller Schönheit erstrahlt. Die Engel, die im ältesten Teil, dem 1487 wiederhergestellten gotischen Chor, zum Himmel aufsteigen, stammen von 1932, die jüngste der barocken Figurenstangen der Zünfte, die an den Wangen des Gestühls geduldig darauf warten, bei einer Prozession mitgeführt zu werden, von 1984. Der spätgotische Flügelaltar von 1489, für den Mariä Himmelfahrt berühmt ist, steht erst seit 1982 an seinem Platz. 1669 hatte ihn ein barockes Pendant verdrängt. Vielleicht gerade deshalb ist er so gut erhalten.

Nicht minder berühmt ist Tirschenreuths Hauptkirche für ein Ritual, das seit 1986 rund um die Uhr praktiziert wird. In einer Seitenkapelle beten zu jeder Tages- und Nachtzeit zwei Gläubige die Gnadenmadonna aus der Murschrottkapelle an (siehe nächste Doppelseite). Nach einer Stunde werden sie abgelöst. Die Stammbesetzung der Ewigen Anbetung besteht aus gut 300 Frauen und Männern. Neugierige, die das Konzept, Gott durch Gebete dazu zu bewegen, alles Schlechte wie Krankheit und Krieg aus seiner Schöpfung zu entfernen, als naiv abtun, werden gebeten, die meditative Stille dennoch nicht zu stören.

Adresse Pfarrkirche Mariä Himmelfahrt, Kirchplatz 2, 95643 Tirschenreuth, www.pfarrei-tirschenreuth.de | **Öffnungszeiten** rund um die Uhr zugänglich, Konfession: katholisch, Gottesdienst: So 8.30 Uhr, weitere siehe Website; durchgehend Ewige Anbetung | **Tipp** Mit der Kapelle in den Waldnaabauen steht auf halbem Weg zwischen Neualbenreuth und Tirschenreuth ein Schmankerl der modernen Architektur.

97_Murschrottkapelle

Insel im Staubereich

In einer Stadt mit gerade einmal 8.600 Einwohnern sollte sich der Verkehr, will man meinen, doch einigermaßen in Grenzen halten. Und im Speziellen das Aufkommen schwerer Lkws. Aber ausgerechnet dort, wo sich die Umfahrung der Altstadt in zwei Ausfallstraßen spaltet, hat sich Tirschenreuth zu Beginn des Kalten Kriegs ein Nadelöhr zugelegt. Seither ist die Metropole des Stiftslands mit London und Paris zumindest in einem auf Augenhöhe: dem Risiko eines Verkehrsinfarkts. Dank des Lederhändlers Hans und des zweiten Bürgermeisters Heinrich Berr haben die drei Städte noch etwas gemeinsam: wie dort der Arc de Triomphe und da die Eros-Statue des Piccadilly Circus, steht auch die Murschrottkapelle, das jüngste Wahrzeichen Tirschenreuths, auf einer Insel inmitten eines zähen Breis aus Blech.

Als Johann Zottmeyer 1692 den Platz aufsuchte, nutzten ihn die Tirschenreuther, um Karpfen lebend zwischenzulagern. Man sperrte sie in Kästen, die man in die kläglichen Reste der im Dreißigjährigen Krieg zerstörten Teichanlagen abließ. Zottmeyer hängte aus Dank für die wundersame Genesung seiner Familie eine Pieta in eine Linde auf dem Platz. Im Schatten des Baums: eine Quelle, deren Nass die Mutter Gottes in Medizin verwandelt hatte. 1714 heilte der Verbund aus Gnadenbild und Wasser einen Brillenmacher, drei Jahre später einen halbseitig gelähmten Weber.

Damit die aus Ton gefertigte Statue nicht kaputtging, die jetzt jährlich bis zu 11.000 Pilger bedrängten, planten die beiden Berrs, an die Pfarrkirche Mariä Himmelfahrt eine Anbetungskapelle anzubauen. Sie wussten, dass sich keiner der Stadträte gegen die Muttergottes erheben würde. Aus Sorge um das eigene Seelenheil. Deshalb hängte Hans 1949 zunächst eine Abbildung der Pieta an die Linde. Dass der von Heinrich eingebrachte Antrag durchging, über der Quelle eine schützende Kapelle errichten zu dürfen – dank der Muttergottes eine reine Formsache.

Adresse Murschrottkapelle, Murschrottplatz, 95643 Tirschenreuth | Öffnungszeiten jederzeit frei zugänglich, Konfession: katholisch, Gottesdienst: nie | Tipp In Sichtweite der verkehrsumtosten Murschrottkapelle steigt eine Treppe zur Friedhofskirche St. Johannis auf, in der die wundertätige Pieta bis zur Fertigstellung der Anbetungskapelle 1723 einen sicheren Platz gefunden hatte.

98__Mariä Namen

Für den nächsten Krieg gewappnet

Mitte des 16. Jahrhunderts. Den hohen Herren steckt noch immer die Erkenntnis in den Knochen, dass ihre Untertanen zwar dumme Tölpel sind, dass sie aber dennoch die hohe Kunst der Gewaltanwendung beherrschen. Um ein Haar wäre es ihnen nicht gelungen, den Bauernaufstand von 1524/25 niederzuschlagen. Weil sich Derartiges nicht wiederholen darf, verbietet ein Landesherr nach dem nächsten die seit Jahrhunderten bewährte Zweitnutzung von Dorfkirchen als Fliehburg, in der sich die Untertanen inklusive Vieh und Vorräten verschanzen können. Deutschlandweit.

Das 320 Seelen kleine, im Hinterland von Neumarkt versteckte Trautmannshofen mag für eine Marienstatue bekannt sein, die den großen Beutezug der böhmischen Hussiten von 1433 dank eines Wunders unbeschadet überstand. Kaum bekannt hingegen ist, dass der auf ein Podest, eine Anhöhe gesetzte Kirchhof zu den wenigen Oberpfälzer Musterbeispielen zählt, die es auch dem Laien erlauben, die Struktur einer Wehrkirche nachzuvollziehen. Auch wenn sich von den Schutzbauten nur Reste erhalten haben. Der massige, einem Bergfried ähnliche Turm, der von der gotischen Vorgängerkirche des 1655 begonnenen, heutigen Barockwunders übernommen wurde, und der massive Mauerring sprechen Bände.

Die Militärgeschichte kennt drei Klassen von Wehrkirchen. Beim schwächsten Typ erhielt der Turm einen Ausguck und Schießscharten. Fertig! Beim stärksten zieht sich ein mit einem Wehrgang ausgestatteter Ring aus Schuppen um die Kirche, die als Vorratslager dienten. Die Wehrkirche von Trautmannshofen repräsentiert den mit einem Mauerring geschützten, aber nur für eine kurze Belagerung gedachten mittleren Typ. Das Patronat Mariä Namen rief Papst Innozenz XI. zum Gedenken an den Sieg über die Türken vor Wien 1683 ins Leben. Ab dem Wallfahrtstag, dem 12. September, durften die Armen die Äcker nach liegen gebliebenem Getreide absuchen.

Adresse Wallfahrtskirche Mariä Namen, Dientzenhoferstraße 2, 92283 Lauterhofen-Trautmannshofen | **Öffnungszeiten** täglich tagsüber frei zugänglich, Konfession: katholisch, Gottesdienst: So 8.45 Uhr, weitere siehe www.pfarrverband-lauterhofen.de, Wallfahrtsbetrieb und Kirchweihfest am Wochenende nach dem 12. Sept. | **Tipp** In Unterfranken haben sich unzählige Wehrkirchen erhalten, dort ließ sich ihr Verbot nicht durchsetzen. Besonders sehenswert: die Kirchenfestung von Mönchsondheim (nahe Kitzingen), heute ein Museum.

99_Maria zur Buche

Ein Gelübde und vier Stellvertreterhände

Man ist irgendwo zwischen der Walhalla und Waldsassen mit dem Auto unterwegs. Man muss kurz anhalten, weil der Hund ein paar Minuten Bewegung braucht. Und schon ist es wieder passiert! Man ist auf eine Kapelle gestoßen. Sogar auf zwei! Nirgendwo auf der Welt dürften mehr Menschen das Gelübde abgelegt haben als in der Oberpfalz, dem Herrgott, der Heiligen Jungfrau und ihrer himmlischen Heerschar eine Heimstatt zu errichten.

Wenn am letzten Sonntag im Mai in Undorf, einem Außenposten des Marktes Nittendorf, gegen 19 Uhr Böllerschüsse durch die Straßen hallen, erwacht ein besonders uriges Exemplar eine Andacht lang aus dem Dornröschenschlaf. Obwohl von dem ursprünglich am Waldrand gelegenen, heute von Bäumen umschlungenen Ensemble die namensgebende Hälfte 2010 verloren ging, ist der rustikale Charme der aus einfachen Eichenbohlen geschichteten, niedrigen Kapelle Maria zur Buche unwiderstehlich. Wie frische Blumen und brennende Kerzen bezeugen, wird sie täglich von etlichen Gläubigen besucht.

Ihre Geschichte beginnt mit einer Sage, die deutschlandweit verbreitet ist und die häufig den Gründungsmythos einer Wallfahrtsstätte darstellt. In einem Astloch einer Buche platzierte ein frommer Bürger eine Marienfigur, die immer weiter einwuchs, bis sie im Stamm verschwunden war und nur noch ein Betschemel an sie erinnerte. 2010 musste die Buche wegen Pilzbefall gefällt werden. »Vor diesem Baum«, gelobte der Undorfer Lambert Waldmann in einem der Schützengräben des Ersten Weltkriegs, »werde ich mich bei der Gottesmutter bedanken, lässt sie mich lebend heimkehren.« Daran erinnert hat er sich allerdings erst, als Deutschland erneut Europa in ein Schlachtfest verwandelt hatte. Da war er aber bereits blind und überhaupt ein Krüppel. Ein Heimatvertriebener, der bei ihm untergekommen war, und ein weiterer Hausbewohner boten ihm ihr Geschick, ihre Hände und ihre Augen an.

Adresse zu Fuß in circa 30 Minuten auf dem grün markierten Wanderweg erreichbar, der am Bahnhof von 93152 Nittendorf beginnt; mit dem Auto: bei Fichtenstraße 7, 93152 Nittendorf parken, ortsauswärts den linken Feldweg entlanglaufen (circa fünf Minuten) | **Öffnungszeiten** jederzeit frei zugänglich, Gottesdienst: letzter So im Mai 19 Uhr | **Tipp** Nittendorfs bekannteste Kirche, St. Katharina, wurde 1730 erbaut und erfreut das Auge mit typischem Rokoko-Dekor.

100 Wallfahrtskirche Herz-Jesu

Krankenzimmer für die Volksseele

Im Nordwesten des kleinen, an der alten Handelsstraße Neumarkt-Regensburg gelegenen, vom Schicksal arg oft gestraften Velburg – viermal legte ein Feuer die Stadt in Schutt und Asche – träumt auf einer Erhebung ein Kirchlein vor sich hin, in dem sich die Volksfrömmigkeit vergangener Tage wie in kaum einem anderen konserviert hat. Obwohl unter Langfingern fast so beliebt wie Hotelbademäntel hängen sie dort noch an ihren angestammten Plätzen: Votivtafeln aus dem späten 18. und dem 19. Jahrhundert. Eine zeigt eine geheilte Hand, die von Putten und von einem Herz, das mit Dornen umwickelt ist, flankiert wird. »Magaretha Hasenbauer von Thanhausen hat hier Hilfe erhalten.« Weshalb man keine Angst vor Dieben hat? Ganz im Sinn ihrer Erbauer wird die Wallfahrtsstätte von einem Einsiedler betreut. Der letzte hat die ehemalige Sakristei mit selbst gemalten Ikonen ausgekleidet.

Es waren die einfachen Bürger Velburgs, die im März 1696 beschlossen, den Hügel hinter ihrem Städtchen zu einem Kalvarienberg umzugestalten, und ihm sogleich eine Kreuzigungsgruppe aufsetzten. Gegen den Willen des Pfarrers und ohne auf die Einwilligung ihres Bischofs zu warten. Dass ihnen dieser lediglich die Eremitage und ein Heiliges Grab in Form einer »offenen Märtyrersäul« erlaubte, müssen sie in ihrer Euphorie überlesen haben. Spendengelder waren ja da – und deshalb bald auch eine geschlossene Kapelle, vor die man 1770 den heutigen Chor- und Altarraum und 1791/1792 eine weitere, achteckige Verlängerung setzte.

Besonderes Augenmerk sollte man auf den 1770 angeschafften Hauptaltar richten. Dargestellt sind zwei Damen, die dem Betrachter ein weiteres Gemälde entgegenhalten – eine in der Oberpfalz einzigartige Komposition. Als Bild im Bild präsentiert sich Jesus mit geöffnetem Brustkorb. Er zeigt sein Herz, das vor Schmerzen brennt.

Adresse Wallfahrtskirche Herz-Jesu, Herz-Jesu-Berg 3, 92355 Velburg, www.velburg.bistum-eichstaett.de | Öffnungszeiten täglich tagsüber frei zugänglich (in den nächsten Jahren aufgrund von Sanierung mit temporären Einschränkungen), Konfession: katholisch, Gottesdienst: Wallfahrtsbetrieb im Mai | Tipp Velburg hatte im 18. Jahrhundert gerade einmal 1.000 Einwohner. Deshalb musste die Stadtkirche St. Johannes Baptist im Zuge ihrer Barockisierung nicht vergrößert werden. Sie wirkt außergewöhnlich kurz.

101 Voithenberger Kapelle

Ausblick mit Schicksal

Nicht zu anspruchsvolle Wege, die auch den weniger sportlichen Wanderer mit phantastischen Ausblicken belohnen. Der mit den Hinterlassenschaften einer 1977 in ihrer männlichen Linie erloschenen Adelsfamilie vollgestreuselte Voithenberg, der im Nordwesten von Furth im Wald aus den Ausläufern des Vorstadtbreis herauswächst, ist im Sommer ein Paradies für alle, die nicht ganz so streng mit ihrem Körper sind. Und dank viereinhalb Kilometern Piste, aber einer Höhendifferenz von nur 280 Metern, im Winter ebenso.

Wie in der Oberpfalz nicht anders zu erwarten, wartet auch auf diesem Flecken Erde eine Kapelle geduldig darauf, dass man sich auf ein Picknick zu ihr setzt und vielleicht sogar auf einen Plausch, ein Gebet zu ihr hineinschaut. Dann weiß auch sie davon zu berichten, dass das Leben eine Aneinanderreihung schwerer Schicksalsschläge und lichter Glücksmomente ist. Als sich die bei Waldmünchen ansässigen von Voithenbergs anno 1800 in Furth im Wald nach neuen Erwerbsmöglichkeiten umsahen, hieß die Wanderregion noch Öd. Ein sprechender Name! Die Idee ging auf, das reichlich vorhandene Holz und die Kraft des Bachs Kalte Pastritz in einem boomenden Glaswerk zusammenzuführen.

An der östlichen Bergflanke bauten sich die Freiherren ein Schlossgut. Ihm folgte eine Kapelle, die 1820 geweiht wurde. 1839 war ihr Platz wieder verwaist. 1941 ließ Zacharias II. von Voithenberg die Brandruine durch ein neues Kirchlein ersetzen. 1981. Der Platz ist erneut verwaist. Diesmal für immer. Wegen wiederholter Einbrüche, bei denen die Ausstattung verloren ging – zuletzt 1973 –, und der Gewissheit, dass die gut 700-jährige Familientradition bald ein Ende finden wird, fehlte die Motivation, das Kleinod zu erhalten. Man sieht es dem hübschen Bau nicht an: Die heutige, von einem ausladenden Vordach geprägte, karg eingerichtete Gebetsstätte war bis zum Umbau von 1982/83 ein Feuerwehrhaus.

Adresse Voithenberger Kapelle, Voithenberg 1, 93437 Furth im Wald, Wanderer starten am besten am Wanderparkplatz Reisecker Straße (an der Straße von Furth im Wald nach Waldmünchen) | Öffnungszeiten täglich tagsüber frei zugänglich, Konfession: katholisch, Gottesdienst: nur zu besonderen Anlässen wie Hochzeiten | Tipp Die 1791 geweihte Kirche St. Anna und St. Sebastian und die benachbarte Friedhofskapelle in Herzogau bei Waldmünchen dienten den von Voithenbergs als Grablege.

102 St. Maria und St. Nikolaus

Schon 1669 voll intakt

1669 brach im niederbayerischen Adlersbach eine Handvoll Zisterziensermönche mit dem Auftrag nach Norden auf, das seit dem Übertritt der Region zum Protestantismus 1556 verwaiste Kloster Walderbach wieder mit Leben zu erfüllen. Als sie ihr neues, auf einem Plateau über dem Fluss Regen thronendes Zuhause zum ersten Mal erblickten, dürfte ein ungutes Gefühl in ihre Leiber gefahren sein. Wie letztlich alle Abteien glich auch ihr Anfang des 12. Jahrhunderts gestiftetes, 1143 ihrem Orden übertragenes, umfangreich ausgestattetes Kloster einer Ruine! Woher das Geld nehmen, um die einsturzgefährdeten Gemäuer durch einen Neubau zu ersetzen?

Was die Klosterkirche angeht, trog damals der Schein. Wie er auch heute trügt, man nie auf die Idee käme, dass sich hinter der barocken, zweifelsfrei im Zuge des Klosterneubaus verputzten Fassade ein Werk der Romanik verbirgt. St. Maria und St Nikolaus zählt zu den besterhaltenen Relikten, die der Oberpfalz aus dieser frühen Epoche der Baukultur geblieben sind. Lediglich ihrer Kunstwerke beraubt, konnte sie 1669 wieder in den Dienst des rechten Glaubens gestellt werden. Einziger Wermutstropfen: Um die düstere, dreischiffige Halle zumindest dort etwas aufzuhellen, wo sich Messe für Messe das Wunder der Verwandlung von Wein in Blut vollzog und vollzieht, wurden die Chorabschlüsse 1748 durch einen zeittypischen Altarraum ersetzt.

Die Bemalung der Gewölbebögen: gut 800 Jahre alt! Ihre strenge Ornamentik steht in einem eigenwilligen Kontrast zu den hoch emotionalen Einbauten der Barockzeit. Zum Gruseln: zwei Seitenaltäre mit den Reliquien von Katakombenheiligen. Kurios: ein Gekreuzigter am Hochaltar, der dem heiligen Bernhard sein Herz hinab-, und die heilige Luitgard, die einem zweiten ihres hinaufreicht. Und ein Kruzifix, an das je zwei amputierte Füße und Hände genagelt sind.

Adresse Pfarr-/ehemalige Klosterkirche St. Maria und St. Nikolaus, Adolf-Kolping-Straße, 93194 Walderbach, www.pfarrei-walderbach.de | Öffnungszeiten täglich tagsüber frei zugänglich, Konfession: katholisch, Gottesdienst: siehe Website | Tipp Das in den Klosterräumen eingerichtete Kreismuseum Walderbach lohnt allein schon wegen der Fresken von Cosmas Damian Asam, einem der Konzerte beizuwohnen, die im Festsaal gegeben werden, wegen der von Otto Gebhard ausgemalten Decke.

103 Basilika Waldsassen

Festsaal der Angst

Triggerwarnung: Die Kirche der mächtigen Zisterzienserabtei Waldsassen schlägt selbst Fans indizierter Horrorfilme auf die Psyche! Als das 1571 im Zuge der Zwangslutheranisierung des Stiftslands aufgelöste Kloster 1661 neu belebt wurde, lag seine Kirche in Trümmern. Der Generation, die sich neben ihrem Neubau dazu berufen sah, die Menschen zum einzig wahren Glauben zurückzuführen, steckten die Pest und der Dreißigjährige Krieg in den Knochen. Wie die Künstler, die ihnen eine der prächtigsten Barockkirchen Europas gestalten sollten, konnten sie sich nur mit einem Festsaal identifizieren, der vom Wohlgefühl der Angst beherrscht wird, den Tod verherrlicht.

Ministranten in rot-weißen Kleidchen hopsen einem Pfarrer hinterher, dessen tiefbraunes Gesicht seine indische Herkunft nicht leugnen will. Vorbei an einem 2.000 Jahre alten, kostbar gewandeten Skelett, das ihnen diabolisch zulächelt. Beäugt von Dutzenden nackten Putten, in Trauer erstarrten Damen und strengen Kirchenvätern. Vorn am Altar, wo ihnen Engel die zehn Folterwerkzeuge zeigen, die beim Tod Jesu zur Anwendung kamen, sollen sie noch einmal den Ablauf der Messe proben. Damit das Blut seines Sohns korrekt getrunken, sein Fleisch so gegessen wird, wie es der Herrgott verlangt. Skurriler kann Religion kaum sein.

Weil die Protestantischen auch Waldsassen von Reliquien gesäubert hatten, organisierte ein Regensburger Domherr 1688 einen Katakombenheiligen. 1734 bis 1765 kaufte sich Waldsassen elf weitere. Der Laienbruder Adalbert Eder kleidete die zehn vollständigen Skelette wie Könige, setzte die Leichen in den Seitenkapellen in Pose. Katakombenheilige, so nennt man Handelsware aus den frühchristlichen Massengräbern Roms, die ein Martyrium angedichtet bekamen. Der Vatikan erklärte sie in den 1960er Jahren als unzumutbar. Hier aber haben sie sogar einen eigenen Hochtag, das Heilige-Leiber-Fest.

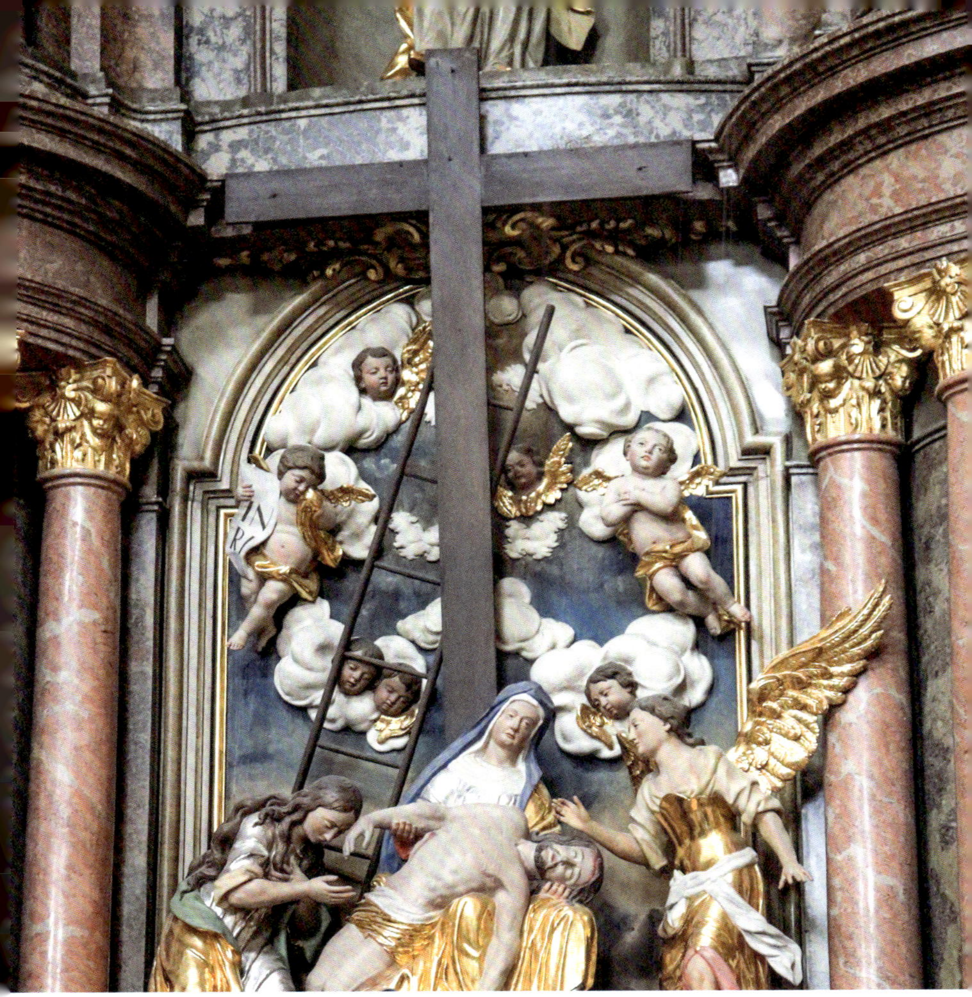

Adresse Basilika (ehemalige Klosterkirche) Waldsassen, Basilikaplatz 6, 95652 Waldsassen, www.pfarrei-waldsassen.de | Öffnungszeiten Kirche täglich tagsüber frei zugänglich, im Sommerhalbjahr Führung Di 15 Uhr und Fr 11.30 Uhr, Audioguide zum Download auf der Website, Konfession: katholisch, Gottesdienst: So 8, 9.30 und 11 Uhr, weitere siehe Website; Heilige-Leiber-Fest zu Ehren der Katakombenheiligen 1. So im Aug. | Tipp Im Kloster Waldsassen hat sich eine der schönsten Bibliotheken des Barock erhalten, sie kann Dienstag bis Sonntag im Rahmen einer Führung besichtigt werden.

104__St. Josef

Wunderwunderschönster Kitsch

Als den braven Bürgern von Weiden an 1. Oktober 1863 zum ersten Mal in ihrem Leben der schrille Pfiff einer Dampflock in die Knochen fuhr, ahnten wohl nur die wenigsten, dass der Anschluss an das Schienennetz ihr Städtchen endlich aus seiner Lethargie reißen würde. Endlich hatte die Porzellan- und Glasbranche buchstäblich freie Bahn. Ihr Ruf nach fleißigen Händen ließ die Bevölkerung geradezu explodieren. Und er brachte das seit zweieinhalb Jahrhunderten konstante Verhältnis von 50 Prozent Katholischen und 50 Prozent Evangelischen ins Rutschen.

Beeindruckendstes Zeugnis des Aufschwungs: die ab 1899 für die nun bereits auf 75 Prozent angewachsene katholische Gemeinde gebaute Kirche St. Josef (Vorgeschichte nächste Doppelseite). Sie musste in derart großen Dimensionen gedacht werden, dass sie beim besten Willen nicht in die Altstadt gequetscht werden konnte. Man platzierte sie jenseits des abgetragenen Verteidigungswalls. Obwohl in der Oberpfalz der katholischen Stadtkirche eigentlich ein Logenplatz zusteht.

Vorsicht beim Eintreten, die Augen müssen sich erst an die gewollte Dunkelheit gewöhnen. Die Weidener bestellten sich eine neoromanische Kathedrale, die aus Versatzstücken Kölner Kirchen modelliert ist. Entsprechend des damaligen Wissens über die Romanik blieb das Innere weitgehend kahl. Zum Ärger der Aufraggeber, die nur vier Jahre nach der Weihe die Jugendstilkoryphäe Franz Hofstätter baten, die unendlichen Weiten grundlegend zu überarbeiten.

Vorsicht ist auch weiterhin geboten: Vor einem Aufschrei wird gewarnt! Des Entsetzens. Des Entzückens. In den Deckengewölben glitzern Pseudodiamanten, an den Wänden Gemälde und Skulpturen des biblischen Personals, deren Leiber, Gesichter und Emotionen gnadenlos überzeichnet sind. Überall blitzt Gold auf. Das ganz große Bling-Bling. Oh wie wunderschön, sagen die einen. Bodenloser Kitsch, die anderen.

Adresse Pfarrkirche St. Josef, Bürgermeister-Prechtl-Straße 13, 92637 Weiden, www.weiden-st-josef.de | Öffnungszeiten täglich tagsüber frei zugänglich, Konfession: katholisch, Gottesdienst: Mo – Fr 9 Uhr, Sa 8 Uhr, So 8.30, 10.30 und 18 Uhr | Tipp Zwischen Weiden und Neustadt thront über dem Tal der Waldnaab die Wallfahrtskirche St. Felix, ein Barockwunder mit einer kolossalen, aus 46 Fresken bestehenden Deckenbemalung.

105 St. Michael

Zwei in eines geben

Als 1453 die Osmanen mit Konstantinopel Europas Tor nach Jerusalem eroberten, schlossen sich für die Christen die Türen zu ihrem heiligsten Pilgerziel, den Wirkungsstätten Jesu. So gut wie jedes katholische Gotteshaus erhielt damals ein in Sachen Seelenheil gleichwertiges Ersatzziel – eine Ölberggruppe. Das in eine Außennische am Chor der einzigen Altstadtkirche eingepasste Weidener Exemplar fiel besonders theatralisch aus.

Wer die Außenmauern von St. Michael nach eingemauerten Reliefplatten absucht, wird feststellen: Dort gibt es sogar zwei Darstellungen jener Nacht, in der Jesus mit seinen Jüngern auf seine Verhaftung wartet ... wie es bei diesem hübschen, außen gotischen, im Inneren sensibel barockisierten Gotteshaus 240 Jahre lang so gut wie alles doppelt gab: zwei Pfarrer, zwei Mesner, zwei Türmer und zwei Mannschaften fürs Glockenläuten. Siebenmal, so heißt es, wurden die Weidener von ihren Landesherren gezwungen, ihre Konfession zu wechseln, bis ihnen diese 1633 ein Friedenskonzept verordneten. Bis 1899 war St. Michael zugleich evangelisch und katholisch – eine Simultankirche. Wer das Glück hat, an einer Führung teilnehmen zu können, bekommt eine der kuriosen Folgen vorgeführt: einen Klappmechanismus am Hochaltar, durch den die katholischen Heiligenfiguren erscheinen, welche die Evangelischen wieder verschwinden lassen konnten.

Da beide Konfessionen auch während des Simultaneums darauf bestanden, dass ihre Schäfchen nur mit ihresgleichen Umgang hatten, war das Friedenskonzept von Anfang an zum Scheitern verurteilt. Jahr für Jahr fiel einem Lutheranischen ausgerechnet während der katholischen Fronleichnamsprozession ein, dass er ja noch seinen Mist aus der Stadt fahren muss. Die theatralische Ölbergszene stammt aus dieser Zeit – ein Nadelstich gegen die Gottlosen, die einen solchen Firlefanz in der rein evangelischen Epoche Weidens zerstört hätten.

Adresse St. Michael, Schulgasse 1a, 92637 Weiden, www.weiden-stmichael.de | Öffnungszeiten täglich ab 9 Uhr, Konfession: evangelisch, Gottesdienst: So 9.30 Uhr | Tipp Am lang gezogenen Marktplatz von Weiden hält eine ehemalige Apotheke die Erinnerung an die Zeit lebendig, in der es ihrem katholischen Eigentümer nur erlaubt war, Katholische zu bedienen. Damit man nicht sah, dass auch Lutheranische zu ihm kamen, baute er für diese ums Eck einen zweiten, in einer Gasse versteckten Zugang, das – wie die Beschriftung noch heute verrät – evangelische Türl.

106 Zur Heiligen Staude

Kleines Gemäuer, großer Streit

Als gar nicht lustig empfanden zwei ewige Streithähne den Standort, den sich ein Dritter Mitte des 15. Jahrhunderts für ein Kirchlein ausgesucht hatte. Hans Klopfer wollte Gewissheit, auf direktem Weg ins Paradies einzuziehen. Deshalb ließ er im Süden von Weiden, wo seit Menschengedenken ein Stückchen außerhalb der Stadt in einem Wäldchen ein Gnadenbild an einer Staude hing, ein Gotteshaus errichten. Man darf bezweifeln, dass er tatsächlich um das Fegefeuer herumkam. Denn aus dem Samen, den er legte, wuchs eine erbitterte Feindschaft. Gut 400 Jahre lang währte der Zwist, wer an diesem abgelegenen Kultplatz das Sagen hatte: das ab 1542 vorerst kompromisslos evangelische Weiden oder das katholische Landgrafentum Leuchtenberg. Wie man dank moderner Vermessungstechnik heute weiß, liegt die Kapelle auf Weidener Gebiet. Aber nur ein paar Schritte weit.

Seinen Zenit erreichte das Gerangel 1588. Wie gewohnt, wollten die leuchtenbergischen Schirmitzer am Weißen Sonntag bei der Heiligen Staude Kirchweih feiern – und das baufällige Gebäude auch noch vorher restaurieren. Eine Doppelprovokation. 55 bewaffnete Weidener marschierten auf, vertrieben die Schirmitzer, die am folgenden Sonntag mit 500 Bewaffneten zurückkehrten. Was die Weidener natürlich nicht auf sich sitzen lassen konnten. Acht Tage später zerstörten 200 der Ihrigen das Gemäuer. Pause. Bis 1631, als Jesuiten die Grundmauern der Kirche freilegten, worauf prompt zwei Kranke durch ein Wunder geheilt wurden.

Da die alten Streithähne erneut zu Höchstleistungen aufliefen, konnte die Vision, die Heilige Staude neu aufzubauen, erst 1952 realisiert werden. Für Ortsfremde ist das karge Kleinod der Volksfrömmigkeit nicht leicht zu finden. Die schmale Zubringerstraße biegt in der kreisrunden Auffahrt der Südumgehung auf die Bundesstraße 22 in Richtung Cham ab. Sie endet an einem Parkplatz, von dem es nur zu Fuß weitergeht.

Adresse Kapelle Zur Heiligen Staude, am besten in das Navi eingeben: Leuchtenbergerstraße 81, 92637 Weiden, aber bis zum Parkplatz weiterfahren | Öffnungszeiten jederzeit zugänglich, Konfession: katholisch, Gottesdienst: zu besonderen Anlässen wie Heiligabend 24 Uhr | Tipp Die Pfarrkirche St. Jakobus in Schirmitz wurzelt im 14. Jahrhundert und wurde im Barock erneuert.

107 St. Laurentius am Brünnle

Bitte eine leere Flasche mitbringen

Die christliche Volkstradition ist reich an bösen Unterstellungen. Neben den Juden kennt sie eine weitere Gruppe von Menschen, die gerne Brunnen vergiftet. Einer Zigeunerin lastet einer Sage nach an, dass eine Quelle, die auf halbem Weg zwischen dem Oberpfälzer Marktfleck Kirchenthumbach und dem bereits fränkischen Städtchen Pegnitz aus dem Boden sprudelt, einen Teil ihrer ursprünglichen Magie verlor. Eine Windel wusch das Weib in ihr. - Aufatmen! Wie zahlreiche Votivtafeln bezeugen, soll das bereits den Slaven heilige Nass trotz dieses Frevels weiterhin zuverlässig gegen Augenleiden helfen. Nur dass es jetzt halt nicht mehr weiß und trüb war ...

Obwohl legendär, ist der auf zwei 100 Meter voneinander entfernte Standorte aufgeteilte Wallfahrtsort nicht ganz leicht zu finden. Fährt man vom Dörfchen Troschenreuth, das zu Pegnitz gehört, ins nach Kirchenthumbach eingemeindete Neuzirkendorf, stößt man im Wald auf ein Barockkirchlein, das es auf den ersten Blick nicht wert ist, dort anzuhalten, und das obendrein verschlossen ist. 1736 ersetzte das nach Plänen von Balthasar Neumann erbaute, im Inneren kostbar dekorierte Gemäuer einen deutlich größeren, wohl ein paar Meter entfernt gelegenen Vorgänger, der nicht mehr zu retten war. Man geht davon aus, dass diesem drei weitere Vorgänger vorausgegangen waren – der älteste aus der Zeit der Christianisierung, die ins 8. Jahrhundert fallen dürfte.

Der eigentliche Wallfahrtsort, der noch heute um den Patronatstag des heiligen Laurentius (10. August) Hunderte zum Weißen Brunnen zieht, liegt auf der anderen Straßenseite. Schilder lotsen den Ortsunkundigen an einer Lichtung entlang in den Wald. Augen auf! Die Kapelle aus grauem Naturstein, die man über die Quelle gestülpt hat, ist leicht zu übersehen. Eine bereitliegende Schöpfkelle hilft, das makellos kristallklare Wasser in eine mitgebrachte Flasche zu schöpfen.

Adresse Weißenbrunn liegt unübersehbar an der Straße zwischen 91257 Troschenreuth (Pegnitz) und 91281 Neuzirkendorf (Kirchenthumbach) – die Kirche auf der einen, die Kapelle mit Quelle im Wald auf der anderen Straßenseite | Öffnungszeiten Kirche: nur am 2. So im Aug.; Kapelle mit Quelle jederzeit frei zugänglich, Konfession: katholisch, Gottesdienst: Wallfahrtsbetrieb So nach dem Patronatstag des heiligen Lorenz (2. So im Aug.) | Tipp Wenige Kilometer nordöstlich liegt das Dorf Heinersreuth – und südlich von diesem mitten im Wald die extrem idyllische und gut ausgeschilderte Heinersreuther Kapelle. Nur zu Fuß erreichbar!

108 Mariä Himmelfahrt

Mitgefangen, mitgegangen

Nur höchst selten wird es einer handverlesenen Gruppe Neugieriger erlaubt, in eine 233 Quadratkilometer große Arche der Natur vorzudringen. Ihr Interesse gilt Apfel- und anderen Obstbaumsorten, die als ausgestorben gelten, hier aber noch zu finden sind. Der 1907 angelegte, 1938 auf seine heutige Größe erweiterte Truppenübungsplatz Grafenwöhr, auf dem sich die US Army an ihren Feuerwaffen trainiert, ist zwar lebensgefährlich – aber auch eine Zeitkapsel. Es heißt, dass die Bauern aus dem exakt 628 Seelen zählenden Pielenhofen 1938 das Gerücht nicht ernst nahmen, ihr Dorf würde noch im selben Jahr in die Nähe von Regensburg umgesiedelt, und ihre Felder bestellten. Archäobotaniker haben den im Lauf von acht Jahrzehnten zu Staub zerschossenen Siedlungsraum deshalb auch nach historischen Getreiden abgesucht. Erfolgreich. Lediglich von der Kirche steht noch ein Torso.

Pielenhofen war der erste von 58 Orten, die unter der Regie der Reichsumsiedlungsgesellschaft RUGES entvölkert wurden. Für die NS-Organisation war es wichtig, mit einem vorzeigbaren Musterbeispiel zu starten. Schließlich wollten sie keinen Bauernaufstand riskieren. Am nördlichen Rand des fruchtbaren, flachen Gäubodens kaufte sie das Gut Wolfskofen und versprach, die gewachsene Gemeinschaft 1:1 dorthin zu versetzen. Ein Detail muss den als glaubensfeindlich bekannten Braunhemden besonders wehgetan haben: Auch ihre Kirche sollten die Pielenhofener in ihrer neuen Heimat nicht missen.

Leider ist Wolfskofens klobige, viel zu groß dimensionierte Ersatz-Kirche außerhalb der Gottesdienstzeiten verschlossen. Aber es stimmt, dass ihre Ausstattung wesentlich älter ist als das 1938 hochgezogene Gemäuer. Neben den Altären kam auch ein Gnadenbild mit auf den Umzugswagen. Der Versuch, die Pielenhofener Marienwallfahrt in Wolfskofen neu zu etablieren, misslang allerding. Ungünstige Zeiten. Der Zweite Weltkrieg stand vor der Tür.

Adresse Mariä Himmelfahrt, Pappenberger Straße, 93098 Mintraching-Wolfskofen | Öffnungszeiten nur zu besonderen Anlässen, Konfession: katholisch, Gottesdienst: siehe Pfarrbrief auf www.pfarrei-moosham.de | Tipp Der Altar aus der Kirche des ebenfalls entvölkerten Dorfes Hopfenohe steht heute in der Kirche St. Martin in Troschenreuth.

109 Friedhofskapelle

Das Meisterstück des Sensenmanns

Während das Gros der christlich geprägten Welt zu den Toten Abstand hält, sie draußen vor dem Ort zur letzten Ruhe bettet, gehört es in den meisten Dörfern der Oberpfalz nach wie vor zum guten Ton, dass der Gottesacker direkt bei der Kirche liegt.

Auch in Wondreb will man die Verblichenen so gebettet wissen, dass man nach der Sonntagsmesse kurz nach ihnen schauen kann. Das 400 Seelen kleine Dorf nordöstlich von Tirschenreuth ist weder optisch noch in irgendwelchen anderen angesagten Disziplinen auffällig – und dennoch weltberühmt. Die in ihrer Substanz romanische, 1724 barockisierte Kirche, der Pfarrhof von 1726 und der Gottesacker bilden mit einer bereits 1669 errichteten Friedhofskapelle ein Ensemble, das wie ein lebendiges Museum wirkt. Speziell die für den letzten Abschied konzipierte, lange auch als Beinhaus genutzte, dem heiligen Michael geweihte Kapelle gilt unter Kunsthistorikern als Kleinod ersten Rangs. Man weiß weder wann noch warum genau an diesem Ort die Decke mit einem Gemäldezyklus verschönert wurde, dessen Qualität einzigartig ist. Experten zufolge wurde die Bildreihe von einem Buch des Wiener Predigers Abraham a Sancta Clara inspiriert, der der Legende nach in Wondreb gepredigt hat. Dann muss sie zwischen 1710 und 1721 entstanden sein.

Vier Tafeln schwärmen davon, wie schön das Leben ohne den Sensenmann wäre. Auf 16 Tafeln holt sich der Tod, was ihm zusteht. Acht kleinere merken an, dass er auch den Adel und den Klerus nicht verschont. Alle 28 sind in der Farbe der Trauer ausgeführt, der Fachmann spricht von Graumalerei, 20 mit lateinischen Bibelversen sowie auf Deutsch kommentiert. »Ich komme zur Nachtzeit wie ein Dieb«, spricht Gevatter Tod, während er einen Vater beim Abendessen aus dem Kreis der Familie reißt. Schädel, das Fegefeuer, die Kommunion als Weg zur Erlösung – auch der barocke Altar geizt nicht mit drastischen Motiven.

Adresse Kirche Mariä Himmelfahrt mit Friedhofskapelle St. Michael, Kirchstraße 12, 95643 Tirschenreuth-Wondreb | Öffnungszeiten Sommerzeit täglich 8 – 18 Uhr, Konfession: katholisch, Gottesdienst: Mariä Himmelfahrt So 8.45 Uhr, Friedhofskapelle im Rahmen von Beerdigungen | Tipp Die 1733 errichtete Barockkirche des Weilers Marchaney, ebenfalls ein Ortsteil von Tirschenreuth, ist ein Kuriosum: eine verkleinerte Kopie der Kappl bei Waldsassen.

110 Pestkapelle

Alles eine Frage des Ausblicks

Das Schloss der Regensburger Fürstbischöfe beherrscht seit alters die Silhouette des Städtchens Wörth. Umso sympathischer ist die Idee, dass ein zweites, ebenfalls weithin sichtbares Wahrzeichen für die einfachen Bürger steht. Schließlich bekam man 1340 nicht deshalb erstmals das Marktrecht verliehen, weil in den Werkstätten und Ställen die Großkopferten kräftig mit anpackten. Gemeint ist die Pestkapelle, eine auf einem zweiten, sich direkt an die Altstadt anschmiegenden Berg platzierte, überdimensionierte Nische, die einen lebensgroßen, beinahe nackt an ein Kreuz fixierten jungen Mann seit nunmehr über 300 Jahren zumindest halbwegs vor Wind und Wetter schützt. Ein steiler, in den gefühlt senkrecht abfallenden Hang eingearbeiteter Kreuzweg verbindet die fromme Zierde mit dem Ortskern.

Viel wurde über die Frage diskutiert, wem sich die Kapellennische zuwendet: der Hauptgeschäftsstraße von Wörth, die von oben aus gesehen schnurgerade auf den überdachten Bildstock zuläuft – oder doch dem Wohntrakt der bischöflichen Residenz. Denn die beabsichtigte Ausrichtung zu kennen würde beantworten, wer den spektakulär gelegenen Bußort 1713 in Auftrag gab. Eine Sage weiß von einem Gelübde der Wörther, sich regelmäßig auf den Herrnberg hinaufzuquälen, sollte der Herrgott ihre Stadt von der wenige Jahre zuvor in Regensburg grassierenden Pest verschonen. Wallfahrtsbelege: Fehlanzeige! Und die Wörther Kolpingsfamilie, die heute zu entsprechenden Kreuzwegandachten einlädt, geht auf eine erst 1927 gegründete Bruderschaft zurück.

Leider legen Archivalien nahe, die der Historische Verein Oberpfalz/Regensburg in der 1950er Jahren ausgewertet hat, dass das Gelübde doch von einem Großkopferten abgelegt wurde. Sein Name: Johann Wolfgang Ignatz Freiherr von Neuhaus in Werd. Ein vor der Pest nach Wörth geflohener Regensburger Domdekan. Sei's drum: Die Aussicht ist grandios!

Adresse Pestkapelle, 93086 Wörth, Start des Kreuzwegs unten in der Altstadt: Herrngasse 8, Ausgangspunkt für einen Spaziergang zur Kapelle oben auf dem Berg: Osserstraße 54 | Öffnungszeiten jederzeit frei zugänglich, Konfession: katholisch, Gottesdienst: Termine der Kreuzwegandachten über www.pfarrei-woerth-donau.de | Tipp Auch wenn die kleine Dorfkirche des nahen Frengkofen, einem Ortsteil von Bach an der Donau, barockisiert wurde: Man sieht ihr an, dass sie bereits um 1400 entstanden ist.

111 Schlosskirche St. Martin

Bischofskapelle mit Ketzerbild

Als Erstes muss man sich durch die zwei Tore der hoch über dem Städtchen Wörth thronenden Sommerresidenz der Regensburger Bischöfe und somit bis ganz nach hinten in den Burghof vorkämpfen. Als Zweites gilt es, sich mit einer schwindelerregenden Raumhöhe anzufreunden. Sie verleiht der Kirche des Wörther Schlosses ein über alle Kleinlichkeiten des Irdischen erhabenes, respekt-, wenn nicht gar furchteinflößendes, ja kaltherziges Ambiente. Wahrlich, die einschiffige Halle, die Bischof Albert IV. von Törring 1616 der bereits von seinem Vorgänger zu einem Palast ausgebauten Festung hinzufügte, will nicht gefällig sein. Gerade deshalb zählt sie zu den eindrucksvollsten Sakralbauten der Oberpfalz.

Es empfiehlt sich, erst einmal die drei in den 1670er Jahren hinzugefügten Altäre auf sich wirken zu lassen – und sich erst anschließend nach einem Gemälde umzusehen, dessen kuriose Interpretation der Kreuzigung die Demutsstarre aufbricht, ja sogar zum Schmunzeln animiert. Ein verkürzter Querbalken, der erzwingt, dass die Hände des Heilands ungewohnt nah beieinander angenagelt sind und die Arme ein schlankes V bilden, weisen den anonymen Maler als Anhänger des Jansenismus aus. Diese ab 1640 grassierende, vom Papst nur zwei Jahre später als Ketzerei gebrandmarkte Morallehre negiert, dass sich Gott durch Gebete, Ablässe und andere Schmeicheleien beeindrucken lässt. Der einzige Weg zur Erlösung: eine kompromisslos asketische Lebensführung.

Eine Sage berichtet, der eitle Jungkünstler habe mit dem Teufel paktiert. Der Beelzebub, so der Deal, würde ihm helfen, ein Meisterstück zu kreieren, und als Lohn dessen Seele bekommen. Aber erst wenn das Bild fertig ist! Wie ein Blick auf die Tafel oben am Kreuz verrät, fehlt die Inschrift INRI. Ein Mönch riet dem Reumütigen, das Gemälde einfach nicht zu vollenden. Überlegenheitsbeweis der Papsttreuen inklusive Rekatholisierung eines Abtrünnigen gelungen!

Adresse Schlosskapelle St. Martin im Schloss Wörth, Schloßberg 1, 93086 Wörth an der Donau (da am Schloss kaum Parkmöglichkeiten, Aufstieg zu Fuß über den Serpentinenweg empfohlen, der in der Straubinger Straße beginnt) | Öffnungszeiten tagsüber frei zugänglich mit Bitte um Einhaltung der Mittagsruhe (die Kirche ist Teil einer Seniorenresidenz), Konfession: katholisch, Gottesdienst: nur zu besonderen Anlässen wie Hochzeiten | Tipp In Wörths historischer Hauptkirche St. Peter verschmilzt eine gotisch dominierte Raumschale mit der Pracht barocker Innenraumgestaltung.

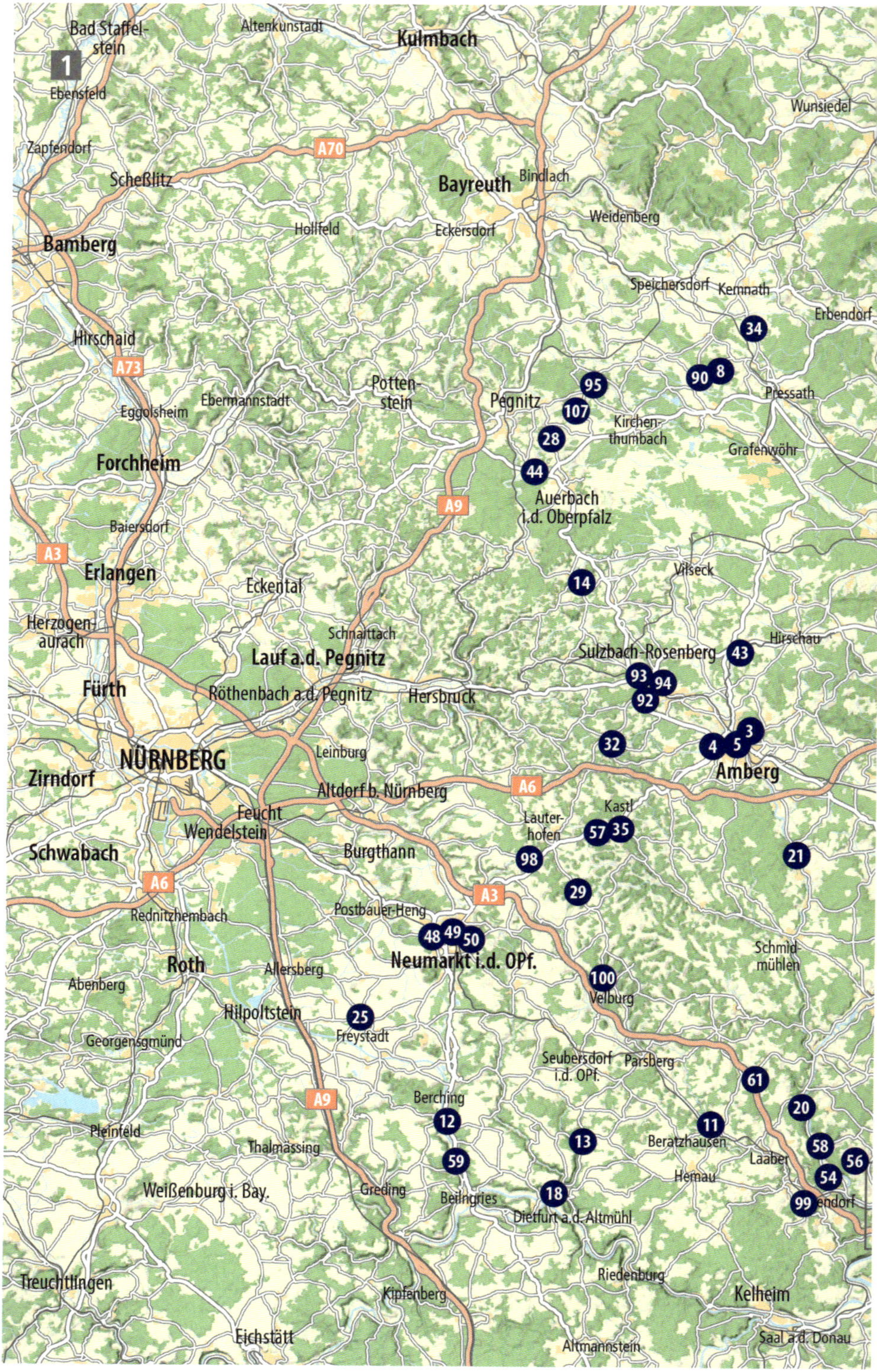
1
Bad Staffelstein
Altenkunstadt
Kulmbach
Ebensfeld
Wunsiedel
Zapfendorf
A70
Scheßlitz
Bayreuth
Bindlach
Weidenberg
Hollfeld
Eckersdorf
Bamberg
Speichersdorf
Kemnath
Erbendorf
34
Hirschaid
A73
90
8
95
Pottenstein
Pegnitz
107
Pressath
Eggolsheim
Ebermannstadt
Kirchenthumbach
28
Grafenwöhr
Forchheim
44
Auerbach i.d. Oberpfalz
A9
Baiersdorf
A3
Erlangen
Eckental
14
Vilseck
Herzogenaurach
Schnaittach
Hirschau
Sulzbach-Rosenberg
43
Lauf a.d. Pegnitz
93
94
Fürth
Röthenbach a.d. Pegnitz
Hersbruck
92
3
32
4
5
Leinburg
NÜRNBERG
Amberg
Zirndorf
A6
Altdorf b. Nürnberg
Kastl
Feucht
Lauterhofen
57
35
Wendelstein
Schwabach
21
Burgthann
98
A6
29
A3
Rednitzhembach
Postbauer-Heng
48
49
50
Schmidmühlen
Roth
Allersberg
Neumarkt i.d. OPf.
100
Abenberg
Velburg
Hilpoltstein
25
Freystadt
Georgensgmünd
Seubersdorf i.d. OPf.
Parsberg
61
A9
Berching
20
12
11
Pleinfeld
Thalmässing
13
Beratzhausen
58
Laaber
56
59
Hemau
54
Weißenburg i. Bay.
Greding
Beilngries
18
Dietfurt a.d. Altmühl
99
Treuchtlingen
Riedenburg
Kelheim
Kipfenberg
Eichstätt
Saal a.d. Donau
Altmannstein

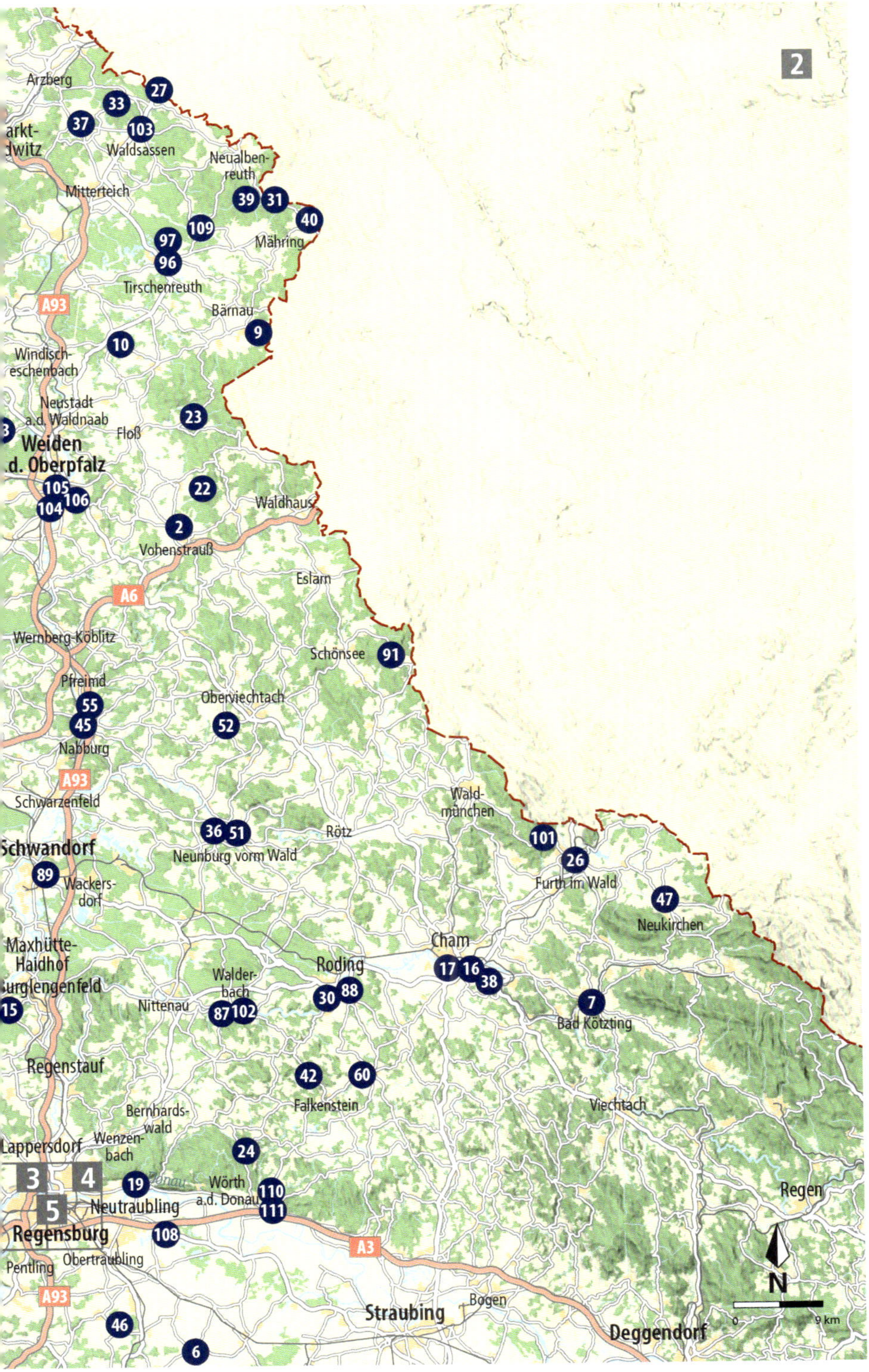
2
Arzberg
27
33
37
103
arkt-
dwitz
Waldsassen
Neualben-
reuth
Mitterteich
39
31
40
109
97
Mähring
96
Tirschenreuth
A93
Bärnau
9
10
Windisch-
eschenbach
Neustadt
a.d. Waldnaab
23
Floß
Weiden
i.d. Oberpfalz
105
106
104
22
Waldhaus
2
Vohenstrauß
Eslarn
A6
Wernberg-Köblitz
Schönsee
91
Pfreimd
55
Oberviechtach
45
52
Nabburg
A93
Schwarzenfeld
Wald-
münchen
36
51
Rötz
Schwandorf
101
Neunburg vorm Wald
26
89
Wackers-
dorf
Furth im Wald
47
Neukirchen
Maxhütte-
Haidhof
Cham
Burglengenfeld
Walder-
bach
Roding
17
16
38
30
88
7
15
Nittenau
87
102
Bad Kötzting
Regenstauf
42
60
Falkenstein
Viechtach
Bernhards-
wald
Wenzen-
bach
Lappersdorf
24
3
4
19
Wörth
a.d. Donau
110
5
Neutraubling
111
Regen
Regensburg
108
A3
Pentling
Obertraubling
N
A93
Bogen
Straubing
0
9 km
46
Deggendorf
6

3
N
0
600 m
1
LAPPERSDORF
KARETH
A93
5
OBERWINZER
8
Frankenstraße
KNEITING
Donau
Donaupark
WESTHEIM
Inselpark
Clermont-Ferrand-Allee
68
PRÜFENING
Prüfeninger Straße
REGENSBURG
41
GROß-
PRÜFENING
Kirchmeierstraße
80
85
79
KÖNIGSWIESEN
83
KUMPFMÜHL
RIEGLING
A3
Augsburger Straße
82
Universitätsstraße
KÖNIGSWIESEN
SÜD
Franz-Josef-Strauß-Allee
SINZING
GRAß
PENTLING
Augsburger Straße
GRAß-
OBERISLING
MINORITENHOF
GROßBERG
16

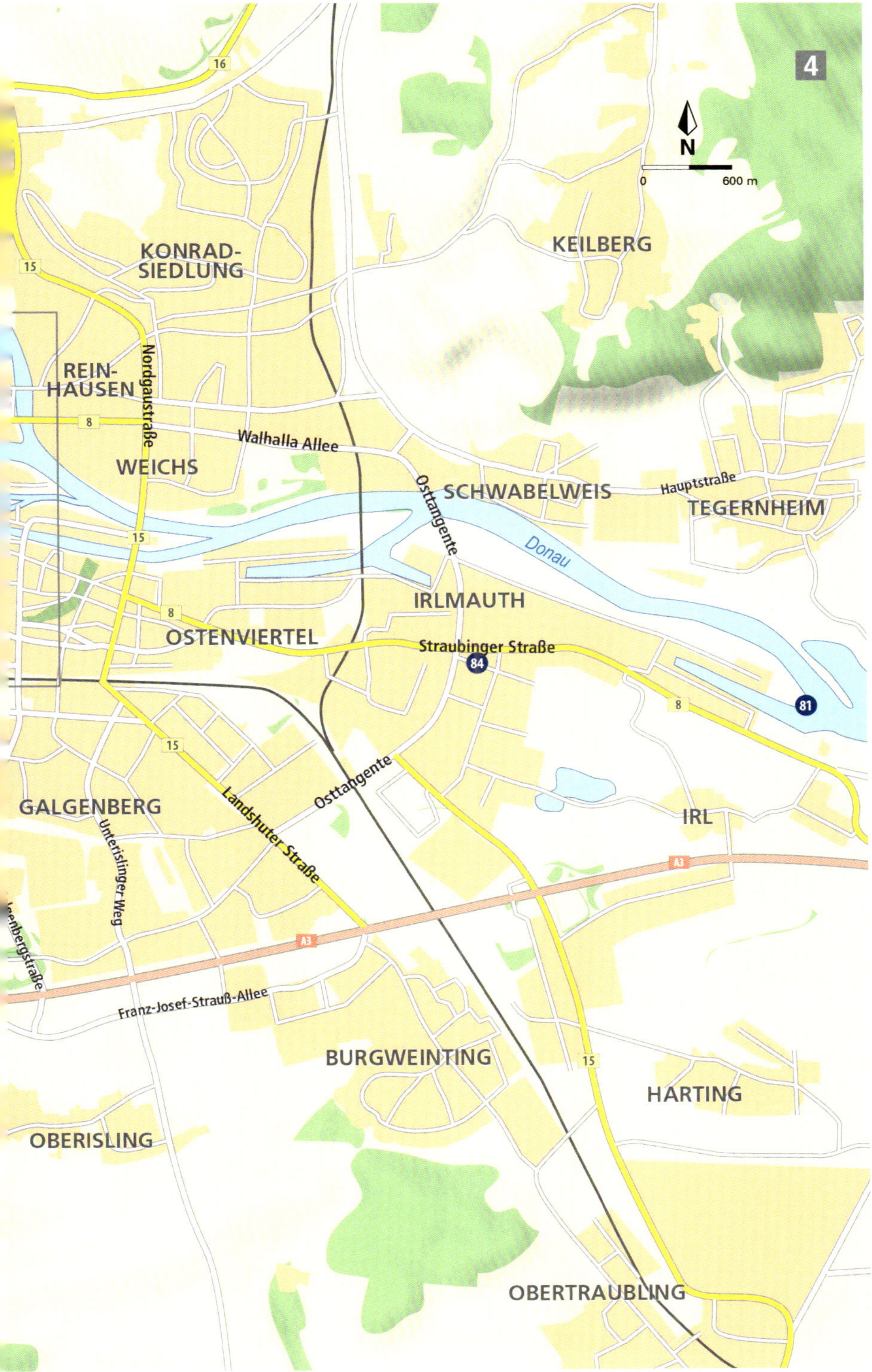
4
N
0
600 m
16
15
KONRAD-
SIEDLUNG
KEILBERG
REIN-
HAUSEN
Nordgaustraße
8
Walhalla Allee
WEICHS
Osttangente
SCHWABELWEIS
Hauptstraße
TEGERNHEIM
Donau
IRLMAUTH
OSTENVIERTEL
Straubinger Straße
84
81
Osttangente
GALGENBERG
Landshuter Straße
Unterislinger Weg
IRL
A3
Franz-Josef-Strauß-Allee
BURGWEINTING
HARTING
OBERISLING
OBERTRAUBLING

5
N
0
150 m
Frankenstraße
8
Frankenstraße
Drehergasse
Regen
Donau
Oberpfalzbrücke
Donau
Pfaffensteiner Weg
Badstraße
Steinerne Brücke
Holzländestraße
Donau
Keplerstraße
Weißgerbergraben
Thundorfstraße
Unter den Schwibbögen
Ludwigstr.
Ostengasse
Dr.-Johann-Maier-Str.
Stadtpark
Jakobstr.
Gesandtenstr.
Wittelsbacherstraße
REGENSBURG
Obere Bachgasse
Dr.-Martin-Luther-Str.
Königsstraße
Obermünsterstraße
Waffnergasse
Dörnbergpark
Kumpfmühler Straße
Augustenstraße
St.-Peters-Weg
Fürst-Anselm-Park
Albertstraße
Bahnhofstraße
Friedenstraße
Galgenbergstraße
Kumpfmühler Straße
86
64
72
63
75
62
77
71
67
66
70
78
69
76
65
73
74

Martin Droschke
111 Kirchen in Franken, die man gesehen haben muss
ISBN 978-3-7408-1468-7

Monika Schmitz
111 Kölner Kirchen, die man gesehen haben muss
ISBN 978-3-7408-0991-1

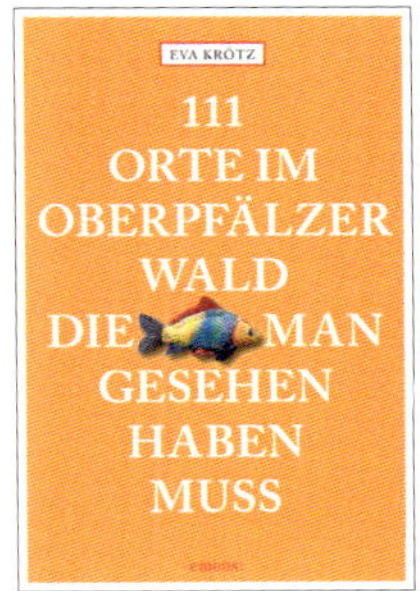

Eva Kroetz
111 Orte im Oberpfälzer Wald, die man gesehen haben muss
ISBN 978-3-7408-0331-5

Sonja Silberhorn
111 Lost Places in der Oberpfalz, die man gesehen haben muss
ISBN 978-3-7408-0838-9

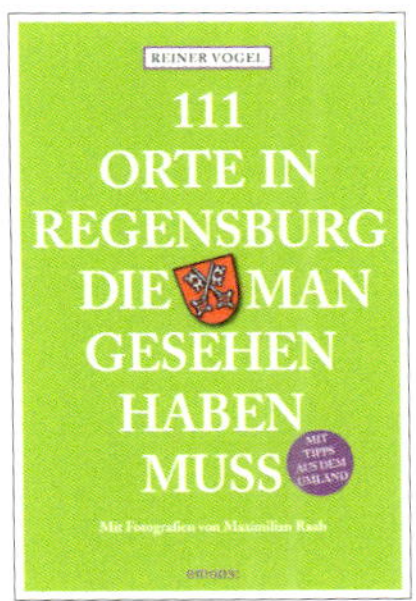

Reiner Vogel
111 Orte in Regensburg, die man gesehen haben muss
ISBN 978-3-95451-054-2

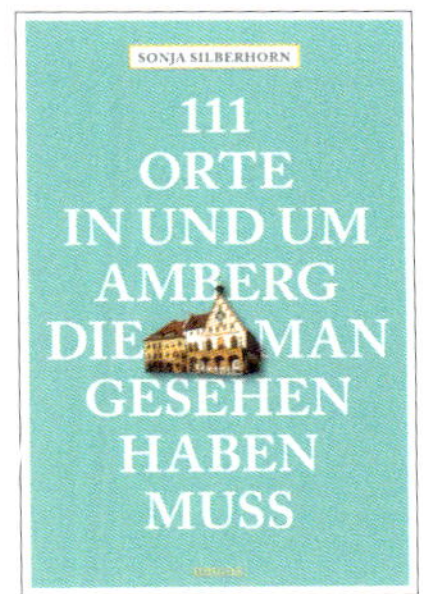

Sonja Silberhorn
111 Orte in und um Amberg, die man gesehen haben muss
ISBN 978-3-7408-1463-2

Marko Roeske
111 Orte im Bayerischen Wald, die man gesehen haben muss
ISBN 978-3-7408-1690-2

Bernd Schinner
111 Orte im Fichtelgebirge, die man gesehen haben muss
ISBN 978-3-7408-0741-2

Martin Droschke
111 Biere aus Altbayern und Bayerisch-Schwaben, die man getrunken haben muss
ISBN 978-3-7408-1069-6

Reiner Vogel
111 Orte in Niederbayern, die man gesehen haben muss
ISBN 978-3-7408-1545-5

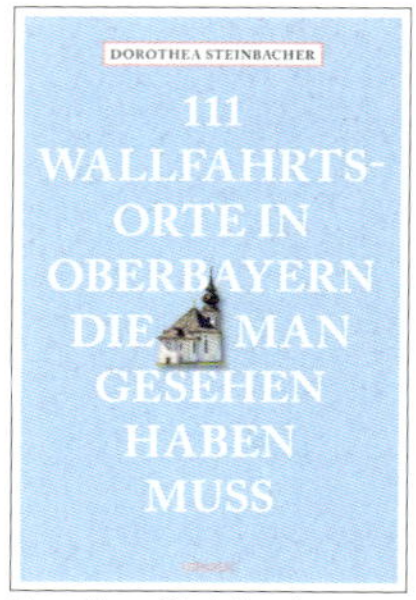

Dorothea Steinbacher
111 Wallfahrtsorte in Oberbayern, die man gesehen haben muss
ISBN 978-3-7408-1284-3

Dietmar Bruckner, Jo Seuß
111 Orte in Nürnberg, die man gesehen haben muss
ISBN 978-3-7408-1019-1

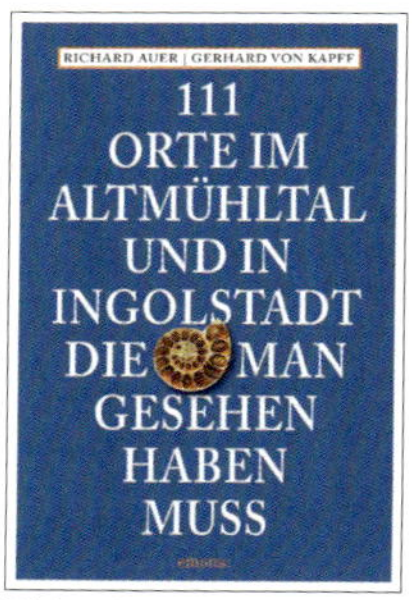

Richard Auer, Gerhard von Kapff
111 Orte im Altmühltal und in Ingolstadt, die man gesehen haben muss
ISBN 978-3-7408-1472-4

Werner Schwanfelder
111 Orte in Mittelfranken, die man gesehen haben muss
ISBN 978-3-7408-1171-6

Kerstin Söder
111 Orte im Fränkischen Seenland, die man gesehen haben muss
ISBN 978-3-7408-1072-6

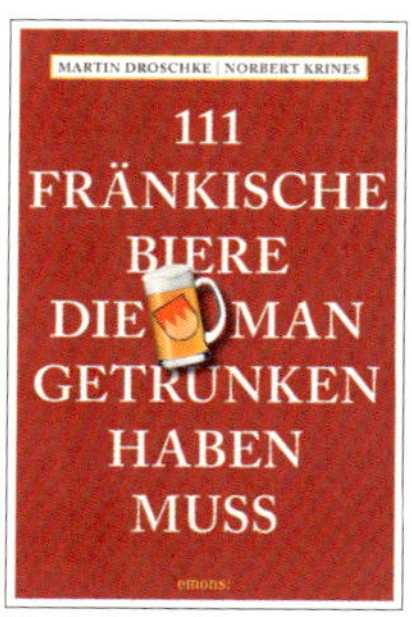

Martin Droschke, Norbert Krines
111 Fränkische Biere, die man getrunken haben muss
ISBN 978-3-95451-922-4

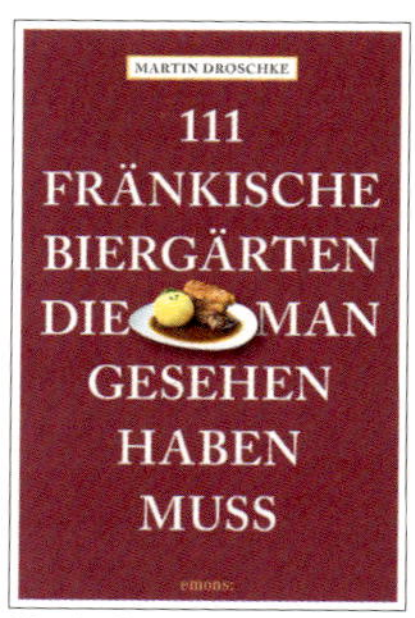

Martin Droschke
111 fränkische Biergärten, die man gesehen haben muss
ISBN 978-3-7408-0851-8

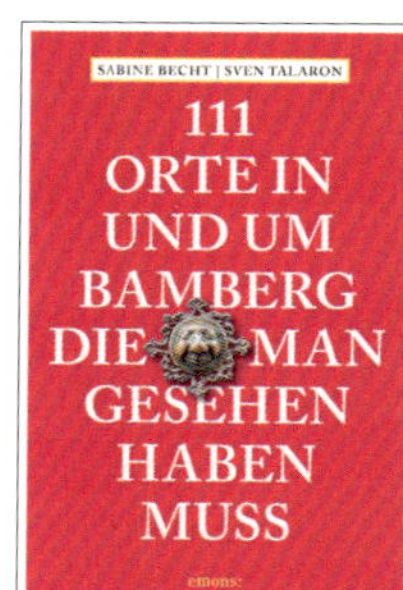

Sabine Becht, Sven Talaron
111 Orte in und um Bamberg, die man gesehen haben muss
ISBN 978-3-7408-1186-0

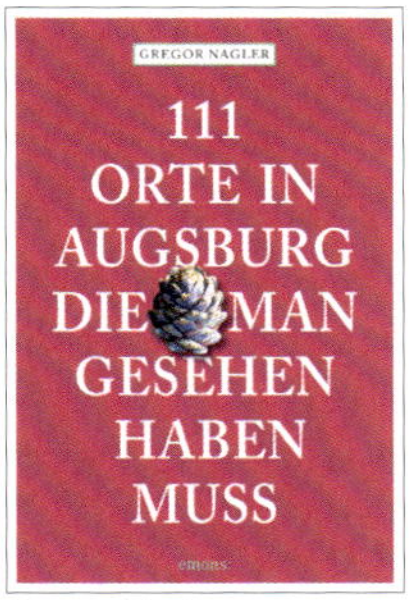

Gregor Nagler
111 Orte in Augsburg, die man gesehen haben muss
ISBN 978-3-7408-1422-9

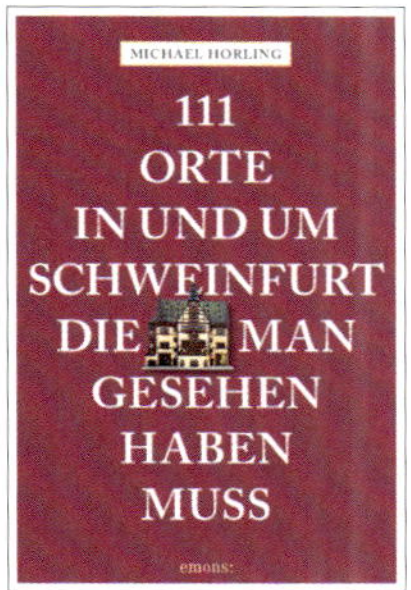

Michael Horling
111 Orte in und um Schweinfurt, die man gesehen haben muss
ISBN 978-3-7408-1302-4

Jochen Reiss
111 Orte im Fünfseenland, die man gesehen haben muss
ISBN 978-3-7408-1777-0

Evelyn Pschak von Rebay
111 Mal sauguad essen in München
ISBN 978-3-7408-1354-3

Dorothea Steinbacher
111 Orte im Chiemgau und im Rupertiwinkel, die man gesehen haben muss
ISBN 978-3-7408-1654-4

Christian Gehl
111 Badeplätze in und um München, die man kennen muss
ISBN 978-3-7408-1423-6

Bernhard Horsinka, Renate Bugyi-Ollert
111 Orte in und um Würzburg die man gesehen haben muss
ISBN 978-3-7408-1343-7

Cornelia Ziegler
111 Orte im Allgäu, die man gesehen haben muss
ISBN 978-3-7408-1278-2

Astrid Süßmuth
111 Almen und Hütten in Oberbayern, die man gesehen haben muss
ISBN 978-3-7408-0823-5

Martin Droschke, geboren 1972 in Augsburg, zog 1992 zum Studium der Philosophie, Pädagogik und Geschichte nach Nürnberg. Er arbeitete als freier Journalist und Literaturkritiker unter anderem für den »Tagesspiegel«, die »taz« und die »Süddeutsche Zeitung« und lebt heute als freier Werbetexter und Autor in Coburg. Er ist immer auf der Suche nach Kuriositäten.